未來世代必備的哲學思維

美國總統、迪士尼總裁、NBA球星都搶著修的博雅教育

小川仁志——著
王美娟——譯

非凡出版

博雅教育中的哲學

為了在嶄新的世界存活下來

此時此刻，我們生活在什麼樣的時代呢？時代的變化，快到不得不這麼提問。

進入本世紀後，世界各國與恐怖主義之間的對抗越演越烈，全球化也急速進展，傳統的政治與經濟體制開始動搖。網路上的資訊以超越秒速的速度更新，AI（人工智慧）更是呈指數級進化。這些因素，使得無法預測未來的不確定性蔓延開來。

有人說現在是VUCA時代——即Volatility（變動性）、Uncertainty（不確定性）、Complexity（複雜性）、Ambiguity（模糊性），今後我們要面對的世界，就是複雜且難以預測，不知道會發生什麼事的世界。想在這種時代生存下去，必須具備有別於過去的能力。

尤其對於開拓時代的商務人士而言，習得這種能力可說是緊要的課題。具體來說就是以下這幾種能力：

- **分析**混亂情勢的能力
- 在沒有正確答案的情況下做出**決斷**的能力
- **解決**難題的能力
- **創造**新價值的能力

若要鍛鍊這些能力，必須先學習正確可靠的知識。除此之外，還要能自由自在地運用這些知識，並且會自行動腦思考。

一言以蔽之，現在我們必須具備的，是以正確可靠的知識為基礎的強韌思考能力。本書將這種思考能力定位為「教養＝博雅」。

現代的教養「博雅」

教養又稱為博雅（liberal arts）。狹義的博雅，是指古希臘時代以來歐洲傳統的、人必須學習的技藝，廣義的博雅，則是精英必須學習的基本知識與基礎能力的總稱。

本書的書名《未來世代必備的哲學思維：美國總統、迪士尼總裁、NBA球星都搶著修的博雅教育》中的「博雅」，便是後者的意思。而「教養＝博雅」以及當中的哲學，正是商務人士要在今後的世界存活下來就不可缺少的武器。

那麼，為什麼現代的商務人士必須接受博雅教育呢？

答案很簡單。如同我在開頭提到的，要在複雜且瞬息萬變的環境下，創造新的價值、發揮領導能力，就必須具備不同以往的知識與能力。

那並非表面的知識或粗淺的計算能力。過去認為優秀的商務人士必須具備的英語、IT、會計等知識，很可能不久後便會被AI取而代之。

另外，在MBA等課程學到的架構、邏輯思考、策略與行銷手法，確實都是能幫助我們有效率地完成業務的工具，但卻很難激發出大膽的想法或創新思維。

這種時候能夠發揮威力的，就是剛才提到的正確可靠的知識，與以這些知識為基礎的強韌思考能力。

順帶一提，所謂的教養絕對不是死記知識。此外也不是指可以吟誦一節難懂的拉丁語詩歌，抑或知曉中世紀小眾樂曲的能力。

所謂的教養，是指思考某物或某事時所需的基本知識與思考模式。這是瞭解各式各樣的文化與歷史、探究這個世界所需要的能力，也是能夠洞察五年後、十年後局勢的思考基礎。

這才是我所談的「教養＝博雅」，亦可說是今後商務人士不可或缺的、解讀世界的能力。

能夠活得自由的技術

說到教養，相信多數人最先想到的是大學的「通識課」。大家或許會認為，這是為了獲得學分才不得不在考試前準備的科目，或是覺得儘管對自己的主修或將來的工作沒有直接的幫助，不過還是該有廣泛且粗淺的瞭解。

但是，「教養」原本的意思完全不是這麼回事。在古希臘與羅馬時代，「教養＝博雅」是指**奴隸以外的自由人必須具備之技術與技藝**，具體來說是指文法、修辭、辯證、算術、幾何、天文、音樂等「自由七藝」。

之後，中世紀歐洲的大學制度承襲了這套教育，並且再加上神學與哲學等科目，到了近現代，則是指精英必須學習的人文科學、社會科學、自然科學等各種學問的基礎。

尤其在歐美，不少人會利用大學四年的時間，專心修習博雅課程。美國甚至有許多專門學習這些科目的博雅學院。至於法律、經濟、會計、經營管理等現實社會所需的專業領域，則留在之後進入研究所學習。

因此，來到全球商業環境便會發現，他們提出的話題範圍很廣，而且發人省思。例如「可以說說日本的工作方式嗎？」、「關於夫妻不同姓這件事，你是贊成還是反對？」、「對於捕鯨這件事，你有什麼看法？」等等，他們總是毫不留情地拋出與工作無關、無法立即回答的問題。不消說，這些問題並沒有絕對的正確答案。對方之所以這麼問，是想知道你這個人擁有什麼樣的價值觀，而之前培養的「教養」就在此時發揮作用了。

雙方之後的關係，取決於你是語無倫次地敷衍搪塞，或是自信滿滿地陳述自己的想法，兩者的結果可是天差地遠。熟悉廣泛知識與各式各樣的價值觀，也能轉化為與更多人建立關係、創造新事物的能力。

我可以用自身的經驗來證明這一點。我出社會之後的第一份工作就是當貿易員，而且還被派到全球商務的最前線。但是，當時的我欠缺前述的教養，所以思考能力不足，經歷了多次失敗。

後來我藉由學習哲學，培養原先欠缺的教養，如今才能於栽培全球化人才的大學任教。

哲學是一切學問的基礎

沒錯，哲學是我培養教養的起點。教養或博雅，並非只能透過哲學來培養，不過我認為哲學才是最基礎的學問。

博雅教育本來就很注重學習經典。目的是為了吸收絕對不會隨著時間變質的知識。經典名著是經過長時間的琢磨咀嚼才存活下來的著作，因此具有普遍性的內容。

在這層意義上，哲學也可說跟經典名著一樣，是經過長時間的精挑細選才保留下來的知識。而且，正如古希臘哲學家亞里斯多德所言，哲學乃是一切學問之母。因此，現在重新學習哲學，便能奠定教養的基礎。

我想在這裡，先跟各位簡單介紹一下什麼是哲學。若用一句話來說明，哲學就是探究事物本質的行為。或許也可說是**透過語言去理解圍繞自己的這個世界，並賦予意義的工具**。換句話說，哲學即是創造概念，亦是創造世界本身。只要徹底地重複「思考」這個動作，就能達到目標。

不過，想實踐這項行為，不可缺少最低限度的知識。本書將最基本的知識，以及深入而持久的思考方式，全部整理歸納成本書。以下簡單說明本書的架構與運用方式。

本書的內容

本書的架構如下：

Chapter 1　什麼是哲學？

第一章嘗試從各種角度說明什麼是哲學。這是最重要，同時也是最難回答的問題。

Chapter 2　速學！基本的概念

第二章介紹可作為哲學思考工具、一定要具備的三十個概念。

Chapter 3　以哲學面對二十一世紀的問題

第三章介紹應付二十一世紀新問題的現代哲學，並且分享我的見解。

Chapter 4　讓「哲學上身」的實踐指南

第四章介紹實際研究哲學時所需的具體Know-How。

我經常把哲學比喻為思考的探險。因為研究哲學，就像是一場尋找寶藏的旅行。因此，希望各位能把本書當成思考探險指南，或是可以隨身攜帶的生存手冊，需要思考時就拿出來參考運用。

未來世代必備的哲學思維

美國總統、迪士尼總裁、NBA球星都搶著修的博雅教育

CONTENTS

Prologue

博雅教育中的哲學

Chapter 1

什麼是哲學？

翻轉對世界的看法

Chapter

2

速學！基本的概念
30名哲學家與不可不知的重要概念

Chapter

3

面對21世紀的問題

AI、生物科技、恐怖主義……等等

Chapter

4

讓「哲學上身」的實踐指南

從「學習」到「應用」

什麼是哲學？
翻轉對世界的看法

Chapter

1

什麼是哲學？

揭露事物真實樣貌的行為

這個世上沒有比哲學更難定義的東西了。坦白說，目前哲學並沒有一個固定的定義。不過可以肯定的是，哲學就是徹底地思考，而且要使用語言來進行。至於目的則是探究事物的本質，這點相信大家都能理解才對。換句話說，哲學是徹底地思考，並且透過語言探究事物本質的行為。

舉例來說，假設眼前有個杯子。這種時候，思考如何使用這個杯子不能算是哲學，探究杯子的本質才算是哲學。因此，我們必須提出**「什麼是杯子？」**這個問題。如此一來，我們才會明白杯子究竟是什麼東西，在這個世界上具有什麼樣的意義。也就是說，我們可以弄清楚杯子的真實樣貌。

揭露真實樣貌即是探究本質，各位只要這麼想就行了。真實樣貌平常都隱蔽起來看不見，事物的本質也是如此，所以才需要探究。

什麼是本質？

關於本質這個詞，我想在這裡稍微補充一下。這是因為雖說探究本質是哲學的目的，但多數人並不太清楚本質這個詞究竟是什麼意思。

本質可算是某事物的一切。杯子的本質即是杯子的所有切面。從旁邊看是長方形、從上面看是圓形、內部是空心的、可以單手拿起……等等。理論上，這類描述要多少就有多少。

因此，若想展現杯子的一切，就必須一直用語彙描述下去才行。這樣一來反而讓人搞不清楚，所以**才要用一句話來表現杯子的所有面向**，而這就是杯子的本質。

如果要用一句話來表現杯子的所有面向，那就是水分（液體）的移動手段。無論外觀是何種形狀，那都是杯子的本質，同時也是杯子的真實樣貌。平常我們把杯子當成喝水用的容器，但幫盆栽澆水時也會使用杯子。所以，「喝水用的容器」並不能表現全部的面向。這時把範圍放廣一點，用「水分的移動手段」來表現的話，應該就能涵蓋所有的情況。

而且，這個答案是我們平常沒注意到的，換句話說就是隱蔽起來的真實樣貌。至於探究這個答案的行為即是哲學。

創造新的意義或想法

話說回來，之所以會有這個答案，是因為我們提出「什麼是杯子？」這個問題，並且動腦思考。這一點同樣非常重要。哲學是將隱蔽的本質揭露出來的作業，所以必須提出問題才行，而且要問：「什麼是○○？」

像「杯子要如何使用？」，或「杯子是什麼形狀？」之類的問題，是沒辦法探究本質的。想要探究本質，一定得問「什麼是○○？」，也就是直接詢問對象本身的意思。

這種直接的問題，能夠打破我們的成見或常識，開啟探究隱蔽本質的大門。認定這片森林裡不可能有財寶，其實就形同找不到財寶，當我們懷疑「說不定自己是錯的」後，探險才會開始。

剛才使用了探險一詞，是因為我覺得**哲學就像是思考的探險**。如同穿越森林，走過險峻的道路，闖進洞窟後才終於得到財寶一樣，我們要動腦思考，判斷「不是這樣，也不是那樣」，最後才終於能夠知道事物的本質。具體的做法我將在最後一章詳細說明。

我想在這裡稍微談一下，思考的探險所帶來的結果，也就是概念的創造。進行思考的探險並不會獲得金銀財寶，但是能夠釐清事物的意義。不過，我們是自行思考找出意義，再用語言來表達，所以也算是自行創造事物的意義。

前述杯子的本質也是如此。各位聽過「杯子是水分的移動手段」這個答案嗎？多半沒有吧。因為，這是我思考之後找到的答案。換言之，這是我剛剛創造出來的意義。

改變世界的意義或規則

這就是所謂的「概念的創造」。法國哲學家吉爾・德勒茲曾說：「哲學乃是創造概念。」所以，思考的探險並非尋找已經存在的東西，各位不妨想成是自行創造新事物的行為。

這個行為也可以說是賦予事物新的意義。讓世界擁有新的意義，亦即世界的有意義化——哲學具備這種了不起的力量與使命。每當我們做哲學時，便會創造出事物的新意義。

而且，改寫各種事物的意義時，整個世界的意義也有可能隨之改變。歷史上確實有幾位哲學家成功做到這件事。舉例來說，提倡社會契約說而促成法國大革命的盧梭，以及提倡社會主義，把半個世界變成社會主義國家的馬克思等人就是成功案例。由此可見，哲學也具有這種潛力。

所以我認為，我們也能靠哲學一舉改變社會的規則或做法。這意謂著**自己能夠成為遊戲規則改變者**（**game changer**）。

假如成功做到這種事，說不定就能創造出令全世界大吃一驚的事業。就像史蒂夫・賈伯斯與比爾・蓋茲那樣。

當然，即使沒有那麼誇張的夢想也無妨。就算被每日的業務追著跑，應該也能創造出任何人都會著迷的商品或服務，以及可解決多數人煩惱的厲害機制。如何？各位是不是開始對哲學產生興趣了呢？

單純的思考與哲學之間的差別

光是整理資訊還不夠

我想在本節跟各位談談，思考與哲學的不同之處。所謂的思考，只是一種整理有關對象的資訊，再以自己的觀點重新建構這些資訊的行為。

剛才以杯子為例，這次就假設有人問「什麼是廁所？」吧。這種時候，我們一定會先在腦中想像廁所，整理相關的資訊，例如廁所的使用方式、構成廁所的東西等等。接著得出結論「廁所就是這樣的東西」。最後，回答對方「廁所是放置排泄器具的地方」之類的答案。

但是，各位不覺得這個答案有點膚淺嗎？那是因為前述的行為只不過是思考罷了。畢竟思考有深淺之分，所以也有可能憑第一印象提出膚淺的答案。這就是思考與哲學的不同之處。

前面提到**哲學就是徹底地思考**。我們必須一再進行問與答，思考才會漸趨深沉。也就是說，不要只是想像在廁所裡排泄的情形，想到裡面設有便器就直接提出答案。我們應該要從這一點繼續提出問題，例如「只會在裡面進行排泄行為嗎？」，或是「裡面除了馬桶之外沒有其他的東西嗎？」。

不，光是這樣還不夠吧。我們也得考慮「為什麼要排泄？」、「為什麼要使用便器？」等問題。換言之就是提出想得到的任何問題。只有這樣一再徹底地進行問與答，才能夠得到最後的答案。

這段過程即是哲學。單純的思考與哲學的不同之處，可以說就在於這一點。只要一再進行這種問與答，應該就能發現廁所的其他樣貌。

深入且鍥而不捨地思索

順帶一提，以前我拿廁所這個問題做哲學時，想出來的是這樣的答案：「更換生命的機會」。這裡就不討論這個答案的含意了，總之感覺應該比前面的答案還要深奧才對？

或許有人會覺得「搞什麼，只有這點差別啊」。可是，我希望各位能夠注意到，這其實是非常重大的差異。

更何況，當你在想一件事物時，會提出這麼多的問題嗎？應該不會吧。畢竟用不著做到這種程度也能得出粗淺的答案，再者也沒有時間想那麼多。平常忙得要命，哪有辦法去做這種閒人才會做的事——這應該是多數人的真實心聲。

我非常明白這一點。徹底思考需要時間與精力。但是，徹底思考後得到的答案正是事物的本質，強韌度截然不同。暫時應付的答案是片面的、膚淺的，所以只有一點點的威力。

假設你從事的是跟廁所有關的工作，那麼事業的廣度，也會取決於你是把廁所視為單純用來排泄的地方，或者是更換生命的機會？我想表達的就是這個意思。所以我們才有必要做哲學。

哲學要「親身體驗」才會覺得有趣

有些人看到我這樣說，立刻就興起學習哲學的念頭，因為他們覺得瞭解這門學問對自己有好處。想學習是對的，這的確是第一步，但不能只有學習，希望各位要注意這一點。原因在於，**「學習哲學」與「做哲學」是不一樣的**。

如果用一句話來說明，學習哲學只不過是單純去瞭解知識與歷史罷了，但所謂的做哲學則是思考的探尋。相信各位一下子就能明白，瞭解與探尋是不同的。只是觀看、只是記住的話並沒有任何意義。

哲學得親自嘗試看看才有意義。這就跟只知道料理的作法、只知道滑雪的步驟一樣。光看書是不可能做出料理的，也不可能學會滑雪。要學會做菜與滑雪，就不能缺少實踐。同樣的道理，哲學必須親自實踐才行。

而且，哲學的趣味要親身體驗才會懂。尤其若是把與自己的人生或社會相關的事物拿來和哲學並列思考，結果會直接反映在自己的人生或社會上，因此更能體會到樂趣。

人生與社會可以靠哲學改變。這也是做哲學的好處之一。哲學絕對不是沒用的學問，也不是死的學問。非但如此，它還是有用的、活的學問。

學習哲學，不只能夠學會以批判的角度看待事物，還能夠學會邏輯思維。因為你擁有了在腦中迅速整理、歸納對象的能力。除此之外，你也能夠掌握到事物的本質。前述以杯子做哲學的例子，應該能讓各位明白這一點。另外，你還會擁有創造事物的能力。

學會這麼厲害的能力，人生怎麼可能會不改變呢？哲學是流傳了兩千多年的學問，能夠傳承到現代一定有它的道理在。下一節就為大家介紹哲學這門學問的體系吧！

認識哲學

哲學的鄰接領域

我想先跟各位談談哲學的鄰接領域。常被提起的哲學鄰接領域，有思想、宗教、倫理等等。

①思想

思想也可以說是世界觀，即人所懷抱的世界圖像。這不需要徹底思考，只要有想法就好。只要覺得「世界就是這種樣子」，思想便形成了。而且，思想是思考的**結果**，而不是**行為**。這點也可說是思想與哲學的一大差異。我們會說「做哲學」，但不會說「做思想」，原因就在這裡。

②宗教

那麼，宗教呢？一言以蔽之，宗教即是**相信**。如果懷疑神或偉大的力量，宗教就失去意義了。反觀哲學則是先**懷疑**。因為，不懷疑就看不到本質。

結論就是，兩者的方向完全相反。宗教與哲學都能拯救人心，但兩者的類型並不相同。畢竟世人也分成兩種類型，其中一種人是藉由相信讓自己安心，另一種人則要藉由懷疑並揭露真相才會安心。

③倫理

最後是倫理。倫理也是高中的科目之一，而且這門課也會教導哲學的知識，所以容易跟哲學混為一談。

不過，倫理本來是指規則。人只要聚集在一起，就必須訂出規則。而法律就是用這些規則建構出來的社會系統。因此可以說，倫理跟哲學是不同的行為。哲學之所以出現在倫理課上，是因為哲學有助於訂定規則。

透過哲學徹底地思考人際關係或事物，能夠訂定更好的規則。其實，歷史上的哲學家所留下的智慧當中，也有這樣的規則。例如前述盧梭的社會契約論，就是用來建構社會的規則。

④道德

順帶補充一下，道德也是與倫理相似的領域。在日本同樣是學校的科目之一，國小、國中學習道德，高中則學習倫理。因此，道德一樣可以算是訂定規則的方法。但跟倫理不同，道德似乎更著重於內心層面。倫理是社會的規則，道德則近似自己內心的規則。

哲學的體系

至於哲學的體系，大致可從三個方面進行分類，分別是按地理分類、按時代分類、按對象分類。

①按地理分類

首先按地理分類，可分成**西方哲學**與**東方哲學**。此外，西方哲學可再按照希臘、法國、德國、義大利等國家或地區進一步分類，東方哲學則可按照中國、日本、印度、伊斯蘭國家等等進一步分類。

②按時代分類

按時代分類的話，西方哲學大致可分成**古希臘**、**中世紀**、**近代**、**現代**四種類別。古希臘是哲學誕生的時代。中世紀受到基督宗教的支配，哲學漸趨式微，不過也因此有人試圖將基督宗教與哲學整合起來。近代是哲學最繁榮鼎盛的時期。哲學家們在文藝復興的帶動下努力恢復人性的地位，人類中心主義一下子就達到巔峰。現代則可說是批判達到巔峰的人類中心主義之時代。這就是現代被稱為後現代（postmodern）的原因。

③按對象分類

最後是按對象分類，這可分成兩大類。

第一種分類是分成**形上學**（包含本體論）、**認識論**、**邏輯學**、**倫理學**這四個類別。除此之外還有幾種分法，不過這是最傳統的分類。

形上學探討的是，「原因是什麼」、「無是存在的嗎」這類超乎我們的知覺與感覺的抽象問題。由於大多是在探究事物的存在，因此有時也會跟本體論混為一談。認識論就如同字面上的意思，是探究人如何認識事物。邏輯學探究的是推論的形式，倫理學則是探討人的生活方式。

另一種分類是更具體地按照研究的領域，將之命名為**「○○哲學」**。例如政治哲學、歷史哲學、公共哲學、宗教哲學、教育哲學、技術哲學、自然哲學、社會哲學、法律哲學、生命哲學等等，有多少研究對象就有多少種類別。動畫哲學也可以算是其中一類吧（其實我一直在提倡這門哲學）。不過，已確立為學問領域的哲學，只有這裡舉出的例子而已。

本書把焦點放在地理分類中的西方哲學上。因為對日本人而言，東方的價值觀較能透過感覺去理解，但西方這個異質空間的價值觀，對已西化的現代日本而言，依舊是不怎麼熟悉的事物。

另一個原因是，我們必須在全球化社會中與眾多商業精英競爭，他們無論出身何處都具備了西方哲學的素養。關於這個情形，我將在下一節詳細介紹。

歐美的文化與哲學

親近哲學的歐美商務人士

在歐美，大家都會學習哲學。並不是只有精英才會特地去學習，因為這是一般的素養。尤其在哲學已深植整個國家、被稱為「笛卡兒之國」的法國，哲學還是大學入學考試的必考科目。法國將哲學定為大學入學考試首先要考的科目，而且採取的不是那種單純掏出知識的考試，而是論文考試。

為了做好準備，法國人會在高中修習正式的哲學課程。美國被嘲笑是沒有哲學的國家，但就連他們都會在任何課程中加入徹底思考事物的訓練。例如老師會立刻問學生「你認為是為什麼呢？」，讓學生動腦思考，接著展開對話。辯論課也是如此。他們並非只是給課程冠上哲學這個名稱而已。

其實，將學生分成正反兩派，讓他們找出能接受另一方主張的妥協點，這種訓練看起來就像是在實踐西方哲學的辯證法。不，光是逐一向學生提問讓他們動腦思考，就已經是在實踐蘇格拉底對話法，亦即實踐哲學了。

因此，我們日本人也要瞭解敵人才行，否則無法在競爭中獲勝。畢竟現代是個全球化社會，我們不得不與他們在同一個擂臺上對戰。反過來說，日本人若是學了哲學，應該就能比歐美的精英厲害才對。

這是因為，日本人原本就擁有不同於西方哲學的日本哲學。神道教、佛教以及武士道也都與日本哲學有所關聯。以感性思考、重視和諧、集中精神等等，這些都是日本哲學才有的概念。

各位或許不記得自己有學過日本哲學，但大家應該都自然而然具備了日式的觀點與想法。如果再加上西方的哲學，簡直就是如虎添翼。

遠離哲學的日本上班族

不過，目前一般的日本上班族跟哲學多半沒什麼連結。喜歡閱讀的上班族應該不少，但大部分的人都只看小說或自身專業領域的書，要不然就是為了自我啟發而閱讀商業書籍。至於哲學，他們通常會覺得「很難」、「沒有用處」、「因為沒選修過倫理，所以完全搞不懂」。

可是，反觀能幹的商業精英，他們愛看的書當中就有哲學書。經營者也是如此。據說我的前東家伊藤忠商事前董事長丹羽宇一郎先生，他愛看的其中一本書就是亞當・史密斯（Adam Smith）的《道德情感論》（The Theory of Moral Sentiments）。對了，我認識的幹練經營者，據說也很愛看《蘇格拉底申辯篇》（Apology of Socrates）。

這些對哲學書感興趣的人，大概都有過在競爭中輸給歐美精英的懊惱經驗，或是出國後發現哲學的重要性。遺憾的是在這個國家，若沒有這類契機，一般人是不會有機會去關注哲學的。

我與哲學的相遇（京大↓貿易公司↓尼特族↓哲學）

那麼，我為什麼會關注哲學呢？接下來我想跟各位談談這件事，也許能給有意在未來嘗試接觸哲學的人做個參考。由於我在許多地方都提過這段經驗，因此若你已聽過我的故事，可以直接跳過這一段。

大部分的人看到我的經歷都很吃驚。大學時代我就讀的是法學院，而且是京都大學法學院，那是培養出一堆法律界人士的知名法學院。此外，畢業後進入的是前述的伊藤忠商事，這也是日本第一的綜合貿易公司。因此常有人問我：**「你這個商業界的勝利組，為什麼會踏進哲學的世界？」**

我剛出社會時，的確是世人眼中的商業精英。然而實際上，我算不上真正的精英。因為當時我並不像歐美精英那樣，具備徹底思考事物的習慣與技能。

不過，後來被外派到臺灣時受到政治動亂的波及，這件事使我想要從事可直接改變社會的活動，於是決定辭掉工作。諷刺的是，當時我不缺的只有自尊心而已。所以，儘管誇下海口辭掉了工作，卻因缺乏思維與技能，最後變成了飛特族。

之後更是跌入谷底，三十歲之前有長達五年左右的時間，我都過著跟繭居族差不多的生活。即將邁入三十大關時，我抱著抓救命稻草的心情閱讀各種書籍。當時最能令我信服的就是哲學。在之前的人生當中，我從來沒關注過哲學這門學問。因為我對哲學抱持偏見，覺得那是沒用的舊知識。

沒想到，自己四處求救瘋狂閱讀各種書籍，結果遇見了本該不會接觸到的學問。所以說，人最好別抱持先入之見，任何事物都應該嘗試一下。

透過哲學連結自己與社會

於是著迷於哲學的我，決定振作起來到市公所就職，一邊工作一邊學習哲學。為此我還去報考在職人士可以就讀的研究所。我在研究所學的是**公共哲學**，這是研究自己與社會如何建立關係的哲學。

我就像是要彌補二十五歲以後浪費掉的時間般，拚了命地用功念書。付出的努力也沒有白費，我用最短的時間取得博士學位，並且很幸運地成為高級專科學校的哲學教師。為了分享自己被哲學拯救的經驗，也為了讓大家知道哲學是有用的學問，我開始從事哲學普及活動。

這次跟年輕時不同，我有哲學這項武器傍身，因此一切都進行得很順利。每次遇到問題就會徹底地思考，然後再付諸實行。面對各種問題時我從來不放棄，總是運用公共哲學，思考自己該如何處理這個問題，努力摸索出最佳的辦法。

舉例來說，假如社區與行政機關之間為了人行道的路樹發生衝突，我就會徹底思考，該怎麼做才能找出大家都能接受的解決辦法。比方說，我也可以自告奮勇擔任行道樹管理會的會長，積極地在社區與行政機關之間建立新規則。

後來，哲學普及活動很幸運地步上軌道，我寫了許多入門書，也登上了媒體。此外，我也實踐公共哲學，開始舉辦**「哲學咖啡館」**。這是能讓民眾輕鬆做哲學的聚會。總之我開始使用哲學，幫助大家改變人生、改變社會。

幾年前我到大學任教，教導目前已成為全球教育一環的哲學。期盼更多的年輕人能夠學會哲學，將這個全球化社會變得更加美好……。

我不認為自己的故事能夠直接套用在其他人身上。不過，我希望各位可以將之當作一個實例，明白哲學能成為改變人生與社會的一大利器。

現在為什麼掀起了哲學熱潮呢？

從事了大約十年的哲學普及活動後，我真切地感覺到，哲學的需求確實擴大了。

現在為什麼掀起了哲學熱潮呢？我想在本章的最後談談自己對於這個現象的看法。

在我還是學生的八〇年代，日本社會至少仍是安定有希望的。只要像戰後所做的那樣，向美國學習，按照一般的步驟追求成長就好。如此一來社會就會變得美好、變得幸福——當時還有著這樣的希望。然而，這種神話很快就在九〇年代初期破滅了，如今日本社會就像是掉進了看不見未來的不安深淵一般。

隨著全球主義的蔓延與科技的急速發展，社會變得越來越混沌不明。人們當然不知道該怎麼辦才好，心中的不安與日俱增。最近這二十年就已證明，無論依靠什麼東西都於事無補。

於是，哲學就在最後雀屏中選了。最後之所以關注哲學，原因有二。第一個原因是，大家認為哲學是最沒用的學問，另一個原因則是，大家開始認為自己只能更積極地動腦思考了。

自己動腦思考，不僅效率差，又很累人，如果能夠的話真不想做這種事，可又沒有其他選擇。不過，現在哲學流行起來了，這證明許多人都注意到，親身嘗試之後成效其實出乎意料的好。

即便可能要花點時間，但人們依舊對哲學寄予期待，認為哲學應該能釐清混沌社會的意義，也就是前述的「世界的有意義化」。此外，由於社會的未來發展不明朗，因此人們也感受到自行奠定基礎的必要性。而哲學同樣有著能滿足這個需求的潛力。

事實上，原本對哲學有偏見的人，在參加「哲學咖啡館」後產生了這樣的感想：

「很久沒有思考工作以外的事了，感覺相當新鮮。」

「本來對政治沒興趣，但拿社會問題做哲學後，就覺得自己得為這個國家做點什麼才行。」

另外，有些人在挑戰我推薦的、易讀的經典名著後，紛紛表示：

「原本以為哲學非常難，總是不願意去接觸，沒想到我也能看懂柏拉圖的《會飲篇》。好開心喔！」

「讀布萊茲・帕斯卡的《思想錄》就像是在看自我啟發書。以前把哲學想得太難了。」

……諸如此類。

如今哲學就像這樣，靜靜地逐漸席捲日本社會。想走在這股潮流最前端的，就是打造日本未來的商務人士。商務人士對時代的變化很敏感，而且非常有上進心，因此最早注意到這股哲學的力量，並且燃起奮戰的狼煙。我的書雖然歸類在哲學範疇，但最近幾年卻兩度獲得商業書籍大獎的提名，這應該不是偶然吧。

此外，最近ＮＨＫ教育頻道也開始播放正規的哲學節目。節目名稱叫做《向全世界的哲學家諮詢人生》（世界の哲学者に人生相談），主持人是高田純次先生，我也以評論家身分參與演出。這個節目是以古今東西的哲學家言論為提示，一同思考與討論每集的來賓或觀眾的煩惱，即便是完全不懂哲學的人也能看得很開心。

社會正穩健地改變，可別跟不上這股潮流了。我們趕緊進入下一章，先從哲學的知識學起吧！

速學！基本的概念

30名哲學家與不可不知的重要概念

Chapter

2

本章的運用方式

若要學習哲學，就得先瞭解歷史上的主要哲學家以及他們的核心概念。可以的話最好是按照時間順序，循著哲學史逐一認識與瞭解。這是因為哲學的歷史，正是概念的發展過程。

知識的傳統始於蘇格拉底，之後傳給他的學生、學生的學生，一直傳承到現代。不消說，當中也有跨越國家或時代傳承下來的概念。

有時是在批判中傳承下來，有時則是從小地方衍生出嶄新的概念。但無論如何，這些確實都是在哲學史的地圖中發展的知識與概念。

本章就從當中嚴選三十位一定要認識的哲學家，並且按照時間順序逐一介紹。除此之外，也會精心選出一個他們的主要概念進行詳細說明。

我想各位在看完之後，應該能大致明白這段兩千數百年的哲學史當中，哪個人提倡過什麼樣的概念。

此外內容也會提及在商業界與現代社會的各種場合，我們要怎麼將這些概念當成工具運用，以及在學會這些概念後能獲得哪些效果。

請別單純把本章視為歷史知識，而是當作可以使用的知識工具型錄來閱讀。

▶001

蘇格拉底

對話法

哲學的基本手法。提出問題。

可以藉由提問，增加思考深度。

Σωκράτης
(BC469左右-BC399)

哲學之父

古希臘哲學家蘇格拉底，被認為是兩千數百年前最早開始做哲學的人物，因此稱他為哲學之父也不為過。當然，在此之前也有其他的哲學家，不過他們研究的是自然哲學，只想究明自然現象而已。例如世界究竟是由什麼形成的呢？是水嗎？還是原子呢？

反觀蘇格拉底，他確立了探究事物本質的方法，也就是現在我們所謂的哲學。當時是以「philosophia（愛智慧）」一詞來指這種方法，而這就是哲學（philosophy）的語源。

那麼，蘇格拉底究竟確立了什麼樣的哲學方法？用一句話來說，就是提問。不過，這個方法並非單純提出問題。他的提問方法稱為「對話法」或「產婆術」，特徵是要讓對方動腦思考。因此，發問者必須提出好問題才行。

所謂的好問題，便是能夠幫助對方思考，繼而創造答案的問題。由於過程就像是幫助嬰兒誕生的產婆一樣，因此這種方法才又稱為產婆術。這可說是哲學的基礎。請別人問自己問題，或是自己對自己發問，均能促使自己思考。哲學就是這樣開始的。

蘇格拉底表示，一個人平常若是不懂裝懂，他就無法變得更聰明。這個概念稱為無知之知。人若是陷入無知之知，就不會再對自己提問，這樣一來就再也沒希望成長了。

我是誰？什麼是世界？什麼是愛？什麼是自由？**刻意針對乍看會覺得理所當然的事物提出問題**，應該就會發現自己有多麼「自以為懂」。這樣一來才能知曉真正的自己、世界的真實樣貌、愛的意思、自由的本質。

沒錯，就是因為自己並不知道，所以才要發問。這種態度能使人成長。向自己發問，並且動腦思考，能夠提升自己的能力。如果向他人提問，也能提升對方的能力。因為好的問題能使人深入思考，繼而創造好的答案。

▶002

柏拉圖

理型

事物的本質以及理想。

懂得時時追求理想。

Πλάτων
(BC427-BC347)

哲學精神的繼承者

古希臘哲學家柏拉圖是蘇格拉底的學生。由於蘇格拉底並未留下任何著作，因此柏拉圖便將恩師的言論編纂成冊，流傳到後世。

在這層意義上，柏拉圖可說是哲學精神的繼承者。另外，柏拉圖也是一位理想主義者。之所以這樣說，是因為他很注重假設事物的理想狀態，也就是理型（idea），並且追求這個理想。

柏拉圖認為事物的本質不在於這個世界，而是在於「理型界」這個理想世界。理型一詞原本是指物體的模樣或形狀。不過，這裡說的形狀並非我們能感覺到的形狀。能靠感覺掌握的東西會不斷變化，反觀理型則是永恆不滅的存在。

所有事物都只是理型的影子，因此我們必須找出真正的樣貌，也就是本質。柏拉圖使用「洞穴比喻」來闡明這個概念。他認為我們看見的只是事物映照在洞穴牆上的影子，所以不能被這些影子所迷惑。

舉例來說，假設我們畫了一個圓。無論我們畫得多正確，那都不是圓的真正樣貌。如果是用粉筆畫在黑板上，圓會因粉筆的粗細而變得不正確。所以若要掌握真正的樣貌，便只能靠頭腦。換句話說，就是只能做哲學了。

柏拉圖將世界分成由理型構成、永恆不滅的世界，以及可靠感覺掌握、現實的世界。這個概念稱為現實與理想的二元世界觀。在這個二元世界觀中，平常呈現在我們眼前的只有現實。因此，**我們必須想起理型，並且時時追求理想才行**。柏拉圖的哲學，便是教導我們追求這種理想的重要性。

他探討理想的對象範圍實在相當廣泛。除了真・善・美這個典型的哲學主題外，還有愛這類個人主題與國家之類的社會主題。生於現代的我們，往往因忙碌而被眼前的現實束縛，忘了追求理想。正因如此，我們必須謹記柏拉圖的理型，相信理想就存在於某個地方，並且透過哲學找出理想。

▶003

亞里斯多德

友愛

共同體中的倫理，相親相愛。

能夠重新意識到互助之於共同體的重要性。

Αριστοτέλης
(BC384-BC322)

共同體哲學之祖

古希臘哲學家亞里斯多德是柏拉圖的學生。另外，他也是著名亞歷山大大帝的家庭教師。

亞里斯多德跟他的老師柏拉圖不同，是一位現實主義者。拉斐爾（Raffaello Sanzio da Urbino）的名畫「雅典學院」（Scuola di Atene），就象徵了兩人成對比的哲學。站在中央的柏拉圖手指著天，意謂著本質存在於理型界，站在他旁邊的亞里斯多德則是將掌心朝向地面，彷彿是在反駁「不對，本質就存在於這個現實當中」。

言歸正傳，為什麼說亞里斯多德是現實主義者呢？這是因為他提倡古希臘共同體「城邦」的倫理。亞里斯多德認為對現實社會而言，人與人在小社會裡和平相處，比追求理想更加重要，所以強調友愛（philia）的重要性。

友愛即是「設身處地為他人著想」的倫理，或者也可以說是相親相愛。如果要在共同體裡與他人和平相處，就必須時時保持友愛。當自己設身處地為他人著想時，就必然不會給他人造成麻煩與困擾。

接著，他又進一步提出「中庸」之概念。中庸是指事物恰如其分的狀態。因為若是做出極端的行為，或是表現出極端的情緒，就會與人發生爭執。

人無法獨自生存，因此不得不在共同體裡過著互相幫助的生活。亞里斯多德的思想，就建立在這種現實的認知上。於是他做出這個結論：**「人是天生的城邦動物」**。

這可說是生於現代的我們也需要的認知。現代因個人主義蔓延，故一提起共同體的紐帶或友愛等觀念，往往會給人說教的感覺。但當災害發生時，依然看得到人們互相幫助、一起克服困難的身影。由此可見，我們果然是城邦動物。

若要避免緊要關頭陷入窘境，平常就必須注重友愛才行。無論在社區還是職場都一樣。我不禁認為，亞里斯多德的哲學正是在呼籲我們這件事。

▶004

笛卡兒

方法論上的懷疑

藉由合理的懷疑進一步探究事物本質的方法。

懂得徹底懷疑事物。

René Descartes
(1596-1650)

近代哲學的鼻祖

法國哲學家笛卡兒，可以說是開創近代哲學的人物。因為這個緣故，他又被稱為近代哲學的鼻祖。除此之外，他還掀起了歐陸理性論，這股重視人類與生俱來之理性的哲學思潮。

笛卡兒最有名的一句話，應該就是「我思，故我在」。不，這或許稱得上是哲學界最有名的一句話。

這句名言的拉丁語原文是「Cogito, ergo sum」。由於拉丁語版本同樣廣為人知，因此他的思想又稱為「笛卡兒的Cogito」。那麼，這句話究竟是什麼意思呢？

為了找出絕對不容懷疑的可靠之物，笛卡兒決定懷疑存在於這個世界的每一項事物。例如：眼前的桌子真的存在嗎？自己以外的人類該不會是機器吧？他甚至懷疑自己是否身處在夢中。於是到了最後就會懷疑一切。

經由這段過程便能發現，唯有「此刻自己正在懷疑」這項事實是不容懷疑的。這就是前述「我思，故我在」的意思。這種徹底懷疑事物的思考法稱為「方法論上的懷疑」。

方法論上的懷疑，造就出**以絕對不容懷疑的自身意識為基礎，徹底懷疑事物的態度**。若要探究事物的本質，不可缺少這種態度。於是必然的，這種態度成了日後的哲學基礎。

不過，由於笛卡兒將意識與其他東西區分得過於清楚，結果衍生出「連身體也跟意識分離開來」的問題，即所謂的心物二元論。心靈與身體其實是相連的，卻被視為兩個獨立的存在。

雖然有這個問題，笛卡兒的「方法論上的懷疑」依舊可以作為思考工具，運用在現代社會的各種場面上。商業領域也常建議大家要一再詢問「為什麼？」。因為像這樣徹底地懷疑之後，才能夠釐清事物的真相。

▶005

史賓諾沙

泛神論

一切的存在，都是最完美存在的一部分。

能以統一的原理掌握所有事物。

Baruch De Spinoza
(1632-1677)

懷才不遇的17世紀最偉大哲學家

荷蘭哲學家史賓諾沙，可說是十七世紀最偉大的哲學家。身為猶太人的他不僅被逐出猶太教團，還因被信仰人格神的基督教視為質疑上帝的危險人物而遭受抨擊，最後不得不過著隱居生活。儘管懷才不遇，靠著磨製鏡片維生的他，依舊偷偷地匿名出書。

史賓諾沙原本是屬於笛卡兒派的歐陸理性論哲學家之一。因此，他同樣嘗試透過人類的理性去瞭解世界。首先他提出「實體」這個概念。實體是指不需要依靠自己以外的事物便能存在的東西。

這樣的存在，就只有獨一無二的上帝。上帝以外的一切事物，只不過是以某些限定的方式，有時間性、有限地存在的特殊之物。這些東西無法以自己作為存在的依據，因此沒有上帝就無法存在。

換句話說，上帝以外的東西都只是上帝的其中一種樣貌罷了。就連大自然也是，所有的存在都是上帝（即最完美的存在，ens perfectissimum）的一部分。這種將上帝視為萬物根源的觀點，或是認為上帝存在於一切事物當中的想法稱為「泛神論（pantheism）」。在這項理論中，**上帝身為「一即是全」、獨一無二的實體**，不僅是自己的原因，也是一切事物的存在原因。

史賓諾沙的泛神論認為，人類的精神也是上帝精神的一部分。因此他主張，人類的幸福在於與上帝合而為一。此外，史賓諾沙也提出對國家的看法，我們可在他的《政治論》（Tractatus Politicus）根柢，發掘出「一切都連結在一起」之觀念。他認為國家必須成為將一切統合起來的機制。

我們往往會將自己的問題，與自己以外的世界之問題區分開來。但其實自己同樣是這個世界的一部分。所以如果只考慮到自己，不管做任何事都絕對不會順利。

無論是否信仰上帝，史賓諾沙的泛神論都提供我們重大的觀點。想以統一的原理掌握所有事物時，這個想法可作為參考。

霍布斯

萬人對萬人的鬥爭

在自然狀態下，人類總是處於你爭我奪的狀態。

可說明權力之於社會的必要性。

Thomas Hobbes
(1588-1679)

社會契約說的開創者

英國思想家霍布斯，可說是社會契約說的開創者。社會契約說是對抗君權神授說的理論。在君主專制之下，國王主張統治權是神授予自己的，並且隨心所欲地行使這個權力。思想家為了遏止這種情形，才會萌生出「由眾人定下契約委託統治權」之思想。

至於霍布斯提出的理論則是，眾人定下契約，把這個權力讓渡給國王。首先他考量的是，如果沒有這種統治的權力會怎麼樣。假如沒人統治眾人，結果會怎麼樣呢？

人類擁有自然權，即追求快樂、躲避痛苦、維持自身生命活動的權利。為了維持生命而行使這類權利的人類要是互相鬥爭，結果會怎麼樣？霍布斯將這種狀態稱為自然狀態。在這種狀態下，每個人都互相敵對，為了實現自己的欲望而你爭我奪，陷入所謂的「萬人對萬人的鬥爭」狀態。

若要避免陷入這種恐怖的無秩序狀態，首先人必須尋求抑制自然權的智慧，也就是自然法。所謂的自然法即是共識，只要大家遵守規則，則每個人都可以追求自然權。

但是，自然法只對良心有約束力，無法百分之百保障和平。因此，人才要尋求外部權力的存在。這個存在就是國家。社會契約即是用來設定國家這個外部權力的方法。

這裡說的社會契約，是指將權利委託給第三者的契約。簡單來說，**只要其他人也同意，人便會為了自我防衛而放棄自己的權利**。然後委任一個人代表大家的人格，交由這個人去做判斷。當這個契約實現，大家被統合成一個人格時，就會形成國家。

在霍布斯的構想中，這個國家就是利維坦（Leviathan），就是一個由許多個人集結而成的人造人。這裡說的利維坦，原本是出現在《舊約聖經》中的海怪。

我們可從霍布斯的思想獲得啟發，以此說明權力之於人類社會的必要性。自然狀態與萬人對萬人的鬥爭，現在也常被當成比喻，用來說明秩序的必要性。畢竟，「人類是會追求自身欲望的生物」是普遍的事實。

▶007

盧梭

普遍意志

人民意志的最大公約數。

能夠瞭解存在於團體中的共通意志。

Jean-Jacques Rousseau (1712-1778)

法國大革命的精神指導者

法國思想家盧梭是個與眾不同的人物。幼年時期過著跟孤兒差不多的生活，後來靠拿手的音樂維生，同時醞釀自己的思想。其中特別有名的，就是對法國大革命造成影響的《社會契約論》（Du contrat social）。

盧梭的社會契約論，跟霍布斯的理論又不太一樣。他在這本書中，從譴責現行社會秩序的不合理開始論起。人類本該是自由的，卻在過起社會生活後被迫變得不自由。若要改變這種狀況，就要建立新的社會秩序。

這種想法乍看相當矛盾，不過只要國家的全體人民將自由讓渡給所有人，就能夠取回自由。這是因為，讓渡自由的對象正是自己。讓渡之後失去的，只有順從欲望行使的「自然的自由」，自己反而能獲得「公民的自由」這種真正的自由。

公民的自由是指能夠遵從義務與理性，自行約束自己的自由。在共同體裡，比起任性妄為的「自然的自由」，更該重視克己自律的「公民的自由」，否則人際關係就會不融洽。所以，公民的自由不可或缺。

盧梭主張，只要擁有「公民的自由」之所有人民，大家一起統治社會就沒問題了。於是，他提出了全員共通的「普遍意志」。這跟單純將每個人的個別意志加起來的「全體意志」截然不同。後者只是反映出多數意見而已，「普遍意志」則是追求全員共通的、最大公約數的意志。

而且，要找出大家共通的普遍意志就需要討論，因此勢必得採取直接民主制。換言之，就是**基於普遍意志，大家一起參與政治**。這就是盧梭版的社會契約說。這時人民是主權者，擁有立法權，以法律形式來表明普遍意志。另一方面，要實現普遍意志，必須要有能代替人民的手腳展開行動的執行權者，也就是政府。所以，政府不過是受雇於人民的存在。政府並無實權，只要忠實地執行國民的意志就好。

在現代社會中，當共同體要找出共通的意志，並且根據這個意志討論及解決各種問題時，盧梭提倡的普遍意志依舊稱得上是有效的概念。

▶008

邊沁

效益主義

認為快樂大於痛苦即是正確的。

可作為現代社會思考何者正確時的基準之一。

Jeremy Bentham
(1748-1832)

效益主義的開創者

英國思想家邊沁，是著名的效益主義（utilitarianism）開創者。為了打造幸福的社會，他提出了效益原則。

所謂的效益原則，就是把快樂及痛苦當作判斷正確與否的基準。快樂是善，痛苦是惡。先計算快樂的量，如果快樂高於痛苦就判斷為正確，如果不是就判斷為錯誤。

不過，人類的快樂與痛苦只是個人的感受，能否作為判斷社會正確度的基準，不免啟人疑竇。關於這點，邊沁則認為社會的幸福即是每個人的幸福總和，因此只要全部加起來就沒問題了。

於是，他提出了「最大多數人的最大幸福」這句著名的口號。這句口號的意思是，**若要將社會的效益最大化，最理想的做法是增加多數人的幸福，而非少數人的幸福**。另外，同樣都是多數人的幸福，增加大幸福要比小幸福更好。

邊沁根據這項效益主義，提出了各種社會制度改革。其中「全景敞視監獄（panopticon）」就是一個相當有名的構想。這是一種中央設有監視塔的圓形監獄，能夠非常有效率地從中央監視受刑人。這樣一來便能使受刑人認真工作，並且養成具生產性的勞動習慣。

另外，他也提出管理貧民的制度。邊沁認為，只要把貧民關在濟貧院裡，城市居民的快樂便會增加。雖然對貧民而言或許會很痛苦，但若拿多數城市居民的快樂與少數貧民的痛苦相比，正確的做法當然是以快樂比較多的那一方為優先。

這種做法乍看會覺得相當冷酷無情，不過其實在現代社會中，我們基本上都會採取效益主義。即便有人因交通事故而死亡，也沒人打算停止使用汽車之類的交通工具。社會上有許多制度，都是為了最大多數人的幸福而設計。

在難以判斷何者正確的現代，效益主義確實能夠作為一種判斷基準。

▶009

洛克

白板

心靈白紙，用來填入透過經驗獲得的觀念。

有助於探討人是透過經驗知曉事物的存在這點。

John Locke
(1632-1704)

英國經驗論的集大成者

英國哲學家洛克被認為是英國經驗論的集大成者。英國經驗論是重視人類經驗的觀點。最早提出這個思想的是法蘭西斯・培根（Francis Bacon），他透過觀察與實驗查明自然的機制。

與之對立的是以笛卡兒為鼻祖的歐陸理性論。笛卡兒認為，人類天生就擁有天賦觀念，只要培養這個觀念就好。

反觀洛克則**主張天賦觀念並不存在，人類剛出生時心靈反而是一塊白板**。這塊心靈白板用拉丁語來說就是「tabula rasa」。

tabula rasa意指沒寫任何東西的板子。知識會不斷地填在這塊空白的板子上。當外界的事物刺激我們的感官，給宛如白板的心靈留下印象後，觀念就這樣形成了。至於這段過程即是經驗。

更正確地說，洛克認為感覺與反省這兩種經驗能產生觀念，使人類得以執行認識行為。

這裡說的感覺，是指外部事物對視覺、聽覺、觸覺、嗅覺、味覺等感官造成的刺激。我們感知到這類刺激所形成的心靈印象後，會做出思考、懷疑、擁有意志等反應。這種反應則稱為反省。

另外觀念也有好幾個種類，前述的感覺稱為單純觀念，至於由單純觀念形成的概念稱為複合觀念。幾個單純觀念共通的抽象要素則稱為抽象觀念。

舉例來說，黑色、很鹹、滑溜是單純觀念，由此得到的醬油之概念是複合觀念，而黑色這個抽象的事物則是抽象觀念。

洛克提出的白板，讓我們重新認識經驗的重要性。人類只能靠經驗與學習來獲得知識。平時挑戰許多事，累積各種經驗，可說是培養靈活又強韌之思維所不可或缺的原動力。

▶010

康德

批判

檢視對象之意。

有助於分析、檢視事物的本質。

Immanuel Kant
(1724-1804)

德國觀念論的起源

德國哲學家康德，可說是日後盛行的德國觀念論這項哲學的起源。他的個性非常嚴肅，一輩子都過著規律的生活，並且向他人與社會提出嚴格的倫理。

批判堪稱是康德哲學的代名詞。不過要注意的是，這裡說的批判，意思跟我們平常使用的批判有些不同。批判通常是指點出事物的錯誤或缺點。但是，康德的批判是指分析原理（學說的基礎），釐清成立條件。各位只要想成是仔細且嚴格地檢視對象就行了。

舉例來說，康德著有《純粹理性批判》（Kritik der reinen Vernunft）、《實踐理性批判》（Kritik der praktischen Vernunft）、《判斷力批判》（Kritik der Urteilskraft）這三本書，合稱「三大批判」。這三本著作分別探討「人類能夠知道什麼？」、「人類能夠達成什麼？」、「人類能夠渴望什麼？」。換言之，**批判就是探**

究人類的本質是什麼，以及人類的極限在哪裡之行為。

康德便是透過這三種批判，檢視事物的本質。舉例來說，《純粹理性批判》是檢視人類的認識能力可以到何等程度，康德將超出人類所能感知的部分命名為「物自身（das Ding an sich）」，並且認為無論怎麼努力，人類就是沒辦法認識這個部分。《實踐理性批判》則是檢視執行正當行為時的判斷基準。最後他提出定言令式（kategorischer Imperativ）之概念，即人類必須無條件地去做正當的行為。至於《判斷力批判》，則是檢視對於藝術與自然的審美判斷。關於美與崇高，康德認為我們無法單靠理性去判斷，這是在自由發揮想像力後所萌生的、具普遍性的愉悅快感。

康德的批判哲學，用一句話來說就是釐清理性的界線。當我們要思考事物的本質時，這種嚴格的檢視態度，可當成一種分析方法來做參考。也因此，不光是理性，這是任何事物都能夠應用的思考法。

▶011

黑格爾

辯證法

把負變成正，使事物更上一層樓的原理。

有助於提出可解決問題，並達成更優良結果的辦法。

Georg Wilhelm Friedrich Hegel (1770-1831)

德國觀念論的集大成者

德國哲學家黑格爾，不僅是德國觀念論的集大成者，甚至也可以說是近代哲學的集大成者。這是因為近代的哲學，是在笛卡兒發現絕對不容懷疑的人類意識之存在後，就持續發展的課題研究。

德國觀念論可以說是探求意識的可能性之觀點。其中黑格爾所提出的絕對觀念論，認為人類的意識能發展至絕對知識這個終極階段。

不過，黑格爾之所以獲得這樣的評價，其中一個原因是他自稱完成了哲學體系。事實上，日後的研究發現，黑格爾未必真的建構出完美的體系，而且黑格爾死後，謝林（Friedrich Wilhelm Joseph Schelling）等哲學家仍繼續發展德國觀念論，導致黑格爾的集大成者形象搖搖欲墜。

不過，他確實是哲學史上的重大轉折點。其中一個因素，就是他提出了邏輯學的辯證法概念。其實早在古希臘的蘇格拉底時代就有辯證法。不過，當時辯證法只是在與他人反覆進行問答的過程中，用來暴露對方主張中邏輯矛盾之工具。後來是黑格爾將它定位為具生產性的思考法。

黑格爾提出的辯證法，是指發生問題時，可以克服問題並達到更高境界的思考方法。使用這種方法處理乍看相反且對立的兩個問題，能夠不捨棄任何一方，找出更好的解決辦法。換言之，**這是開創第三條路的方法。**

辯證法具體來說，就是「正→反→合」這三道程序，德語一般會稱為「These→Antithese→Synthese」。這種方法也稱為揚棄（aufheben）。

簡單來說，就是在面對某個事物（These）時，如果存在著矛盾或問題（Antithese），就先接納它們，再找出可克服矛盾或問題，並發展出更完美結果的解決辦法（Synthese）。

黑格爾使用這個邏輯，以整合觀點說明意識的發展、國家的發展以及歷史的發展。我們除了可以使用辯證法說明各種事物，應該也可以充分運用於思考解決問題的辦法。

▶012

叔本華

意志的否定

唯有禁慾、否定意志，才能從欲望的苦惱中解脫。

這是有助於擺脫欲望的思想。

Arthur Schopenhauer
(1788-1860)

悲觀主義哲學家

德國哲學家叔本華，可說是一位運氣不佳的天才。儘管他獲得歌德的高度肯定，死後也對尼采等人有非常大的影響，但生前卻未能一展長才、大放異彩。原因在於黑格爾當紅時，兩人在同一所大學任教。

這樣的人生或許也對叔本華有所影響，他的哲學是悲觀的，堪稱為悲觀主義哲學家。叔本華哲學的獨特之處，在於將世界視為意志這一點。這個意志會無止境地擴大蔓延，逐漸構築出世界。

人類也不例外。所以人類的欲望永遠不會得到滿足，生命因而充滿痛苦。那麼，**人類該怎麼做才能逃離這個痛苦呢？**叔本華首先關注的是藝術。

藝術可除去人類的主觀與客觀之要素，使人類擺脫意志的欲望所帶來的一切痛苦，到達解脫的境界。但問題是，藝術帶來的解脫可遇不可求，而且只是一時的解脫。因此，接下來他提出道德帶來的解脫。

既然生命是痛苦的，屬於生命一部分的道德，也會對他人的痛苦感同身受，換言之就是同情。人會藉由同情，試圖理解他人的痛苦。不過就算如此，實際上人能對他人做的事相當有限。所以就這層意義來說，依舊無法徹底從生存的痛苦中解脫。

於是叔本華判斷，基本上只有否定求生意志這個辦法了。若要做到這一點，就只能禁慾。叔本華所說的禁慾，源自於佛教的諦念（譯註：指離開世俗的錯悟分別，離開邪妄迷謬，明白世間真理的正思惟），所以日本人應該不難理解才對。

在現代社會中，人的欲望越來越多、越來越大。若要擺脫這個痛苦，現在正是該運用叔本華哲學的時候。

▶013

馬克思

歷史唯物主義

推動歷史的是生產關係的發展。

可作為瞭解社會變化的另一種觀點。

Karl Heinrich Marx
(1818-1883)

社會主義之父

德國經濟學家暨思想家馬克思，是眾所周知的社會主義之父。他在盟友恩格斯（Friedrich Engels）的協助下，成功地讓許多人以為世界的歷史是朝著社會主義的理想發展。這個概念就是所謂的馬克思唯物史觀，或者稱為歷史唯物主義（historical materialism）。結果，後來真的誕生了許多如蘇聯之類的社會主義國家。

馬克思在《政治經濟學批判》（Zur Kritik der politischen Ökonomie）中主張，人類的思想、法律、政治制度等「上層建築」，取決於生產手段與生產活動等「下層建築」。也就是說，經濟活動是基礎，它決定了所有的社會制度內容。此前的哲學家認為，經濟的理想狀態取決於思想與觀念，馬克思提出的主張可以說與前者完全相反。

另外，當生產力提升而不再符合生產關係時，這個矛盾就會成為原動力，推動歷史進展到下一個階段。這就好比衣服變小穿破了，得買新衣服一樣。具體而言，歷史是按照原始共產制、奴隸制、封建制、資本主義、社會主義、共產主義這樣的順序進展的。

因此，馬克思認為，**充滿矛盾的資本主義總有一天必定會被革命推翻，並且轉變成與生產力相符的社會**。也就是說下一個到來的，是依照能力勞動，再依照勞動量獲得配給的社會主義，或是依照能力勞動，再依照需要獲得配給的共產主義。

隨著蘇聯的解體，社會主義的龐大實驗似乎是結束了，但我們還不知道實際的歷史會如何進展。馬克思的思想能夠跨越時代流傳下來，或許就是因為我們雖然活在資本主義社會裡，卻總是在對抗當中的矛盾。

至少單就馬克思的歷史唯物主義來說，這可算是瞭解社會變化的另一種觀點與有效的理論吧。

李維史陀

結構主義

從整體結構去瞭解社會。

懂得以結構之框架來掌握事物。

Claude Lévi-Strauss (1908-2009)

結構主義的集大成者

法國思想家李維史陀，可說是結構主義（structuralism）的集大成者。其實，數學及語言學早就有著眼於結構的思考法。後來人類學家李維史陀注意到這個思考法，將它化為有體系的概念，這才一下子變得有名。

李維史陀所說的結構，是指由要素與要素之間的關係所構成的整體。一言以蔽之，他的結構主義，即是一種藉由觀察事物的整體結構探究本質的思想。

李維史陀的基本態度是不從現象的部分尋找原因，把整體視為一個結構。在他著眼於結構而查明的事實當中，最有名的例子就是交錯從表婚。交錯從表婚是讓男性與舅表姊妹結婚，這是可在未開化部落看到的習俗。

一般認為這種習俗只存在於未開化社會，但李維史陀觀察這個系統的整體結構後，得到了某個發現。那就是：對男系家族的男子而言，舅舅的女兒是屬於不同的家族集團。這也就是說，只要建立制度讓這種關係的男女結婚，各個家族集團之間就能不斷地交換成員，讓部族得以存續下去。

這裡的重點是，**如果只注意部分要素的變化，就會看不見恆久不變的整體結構**。著眼於整體，認識到整體的框架是恆久不變的，才能夠掌握到結構。

前述的制度若是只看部分現象，便會以為是未開化的習俗，但觀察整體結構便會發現，這其實是一個令人意外的卓越系統。只看一部分的話有可能產生誤解，所以才必須觀察整體。

李維史陀以結構主義的觀點，批判以往偏頗的歐美中心主義。此外，他也強調以相對觀點看待事物的重要性。這種觀點，對生活在複雜現代社會的我們而言一樣很重要。政治與社會的問題，甚至是商業的課題，只要注意到有別以往的結構，應該就能得到嶄新的發現。

▶015

尼采

超人

超越自己，堅強地活下去的存在。

能夠獲得克服困難努力活下去的勇氣。

Friedrich Wilhelm Nietzsche
(1844-1900)

提倡價值重估的哲學家

該如何形容德國哲學家尼采呢？答案因人而異。不過，我想稱呼他為提倡價值重估的哲學家。因為這點被認為是他的存在意義中最重要的部分。

尼采不僅批評既有的道德與常識是偽善，最後連上帝的存在也都否定了。他認為「因為大家都這麼說，所以必須這麼做」之行為，即證明了自己是弱者。為什麼會提出這種主張呢？這是為了拯救人類。而超人（overman）思想可說是這項主張的象徵。

在近代以前的歐洲，基督宗教掌控了人心。基督宗教是撫慰弱者的宗教，因此又被稱為愛的宗教。他們向弱者伸出援手，告訴弱者要肯定自己的弱小，以後能在另一個世界獲得救贖。所以他們才要創造出救濟的主體，也就是上帝的存在。

如此一來，人便會肯定自己的弱小，並將一切託付給上帝這個存在。尼采批判這一點，認為這不就跟奴隸沒兩樣嗎？所以他非常激進地稱基督宗教的想法為「奴隸道德」。

尼采主張，這種奴隸道德會造就虛無主義（nihilism），所以人類必須盡快察覺這點，不要依賴奴隸道德，要堅強地活下去。這就是超人思想。因此，他宣告「上帝已死」，已經沒有可以依賴的上帝了。

另外，人生是一段名為永恆輪回（eternal return）的痛苦循環。再怎麼克服，同樣的痛苦還是會永遠反覆發生。可是，這時若是屈服就完蛋了。

想克服這種狀態生存下去，得先瞭解永恆輪回，而且還得看**自己能不能振作起來再試一次**。當我們辦到這一點時，虛無主義才會變成主動，我們就能具備真正的強大堅韌地活下去。

現代人很容易因覺得「反正一定沒辦法」而放棄，尼采的這個思想能夠帶給我們勇氣。也許現在我們真的得成為超人才行。

維根斯坦

分析哲學

認為哲學的作用是分析語言的意義。

若檢視語言的意義，便能瞭解事物的本質。

Ludwig Witgenstein
(1889-1951)

分析哲學的起源

奧地利出身的哲學家維根斯坦，可說是分析哲學（analytic philosophy）的起源。嚴格來說，他本身的哲學並非分析哲學。不過，分析哲學認為哲學的作用就是分析語言的意義，其思想源頭確實可以追溯至維根斯坦。

我們先來看他的主要哲學。維根斯坦的思想分為前期與後期兩個時期。

前期的主要概念之一為圖像理論（picture theory）。一言以蔽之，這是指語言與世界之間的對應關係，亦即結構上的同一性。這是維根斯坦在《邏輯哲學論》（Tractatus Logico-Philosophicus）中提出的概念。他試圖根據圖像理論，從語言的可能性來闡明世界的原始樣貌。

如果進一步發展這個理論，即意謂**世上的任何事物都能夠用語言來說明**。也就是說，世界是指可用語言描述的東西。反過來說，有別於自然科學的世界、如善或意志這種沒有對象的命題則無法描述。

關於這點，維根斯坦斬釘截鐵地表示「凡不可說的都應保持沉默」。換言之，語言的極限即是世界的極限。維根斯坦的圖像理論，促使維也納學派在日後提出邏輯實證主義（logical positivism），為科學哲學帶來很大的影響，繼而發展出現在的分析哲學。

至於維根斯坦的後期思想，則是性質與前期全然不同的「語言遊戲」。維根斯坦認為，我們在日常生活中與他人交談時，其實是在進行解釋意思的遊戲。這個遊戲的規則，取決於場所或狀況。也就是說，**語言活動是取決於生活的各種情境**。後來，重視日常語言之分析的日常語言學派，承襲了維根斯坦的後期思想。

如同上述，維根斯坦所提出的有關語言分析的哲學，帶給日後的分析哲學思潮很大的影響。至於我們則能夠從中學到一件事：分析語言的意義，也能夠作為探究事物本質的方法。

胡塞爾

現象學還原

在意識之中掌握所有事物的方法。

可解釋經驗是如何形成的。

Edmund Husserl
(1859-1938)

現象學之父

德國哲學家胡塞爾，可說是現象學之父。胡塞爾指出，我們平常總是很自然地將事物或世界的存在當作前提。這是日常經驗帶來的習慣，亦即單純的「自然態度」。不過，若要追求真理，就不能抱持這種態度。此時需要的是「超越論態度」，這是一種從哲學角度看待事物的態度。

舉例來說，思考「什麼是自由」時，態度不能跟思考自己此刻在吃什麼一樣。因為用這種態度無法掌握到自由的本質，必須思考得更深入一點才行。

於是，胡塞爾提出了掌握事物的新方法，稱為「現象學還原（phenomenological reduction）」。具體來說，**當眼前有某個東西時，即使自己知道那是什麼，也要刻意中止判斷（存而不論）**。

當我們認識到什麼時，通常會馬上展開判斷。比方說「啊，有鳥」，或是「那個東西不好」。可是，當我們認定那是鳥、那個東西不好時就已經有問題了，所以必須中止判斷才行。

接著，明白所有事物都是根據自己的各種經驗創造出來的產物，然後再逐一分解這些事物。舉例來說，思考什麼是自由時，也要檢驗根據自己的經驗創造出來的自由印象。

只有最後留在意識之中的東西，才是事物的純粹樣貌。以自由為例，自由的純粹樣貌會出現在意識之中。

如同上述，胡塞爾的現象學不僅能解釋經驗是如何形成的，也有助於找出事物的純粹樣貌。反過來說，瞭解現象學，也能夠探討平常我們不自覺地認識、理解的東西，是源自於自己的何種經驗。

▶018

海德格

在世存有

認為人類都活在與各種事物的關聯當中。

促使人透過「何謂存有」這個問題，思考該如何生存下去。

Martin Heidegger
(1889-1976)

探究存有意義的20世紀最偉大哲學家

德國哲學家海德格，可說是探究存有意義的二十世紀最偉大哲學家。儘管海德格因支持納粹，而在戰後被開除公職，但仍舊不能否認他是個偉大的思想家。原因在於他撰寫了《存有與時間》（Sein und Zeit），是繼亞里斯多德之後，第一個正式探究「存有（sein）」意義的人物。這是什麼意思呢？簡單來說，他並非研究「為什麼會有〇〇？」，而是研究**「存有到底是什麼意思？」**。

於是，海德格提出「在世存有（In-der-Welt-sein）」這個概念，意指人類活在世上，不僅與各種事物產生關聯，還會考量、關心這些事物。

舉例來說，我們在日常生活中，從早上起床到就寢都會使用到各種事物。例如餐具、衣服、電腦、車子……這些事物對我們而言是工具，我們也能說是生活在這些工具當中。

海德格將人類存在稱為此有（Dasein），此有同樣也是在世存有。不過，雖說人類是生活在與事物的關聯之中，這個意思並非單純指人類被事物包圍。

否則的話，自己這個存在就不是獨一無二的了。本該是工具最終目的的人類，就會變成可以替換、可以代理、不管是誰都無所謂的存在。海德格將這樣的人類稱為「常人（das Man）」，也就是一般人。

海德格主張，可替換的此有並非本來應有的狀態，人應該要採取本來的生活方式。那麼，本來的生活方式是什麼樣子呢？那就是要意識到死亡，抱著先行的決心（vorlaufende Entschlossenheit）朝著死亡拚命活下去。

的確，當我們意識到死亡後，才會發覺人生的時間是有限的。於是，我們就會拚了命地努力生存下去。在這層意義上，海德格的哲學可說是提供我們透過「何謂存有」這個問題，思考該如何活著的契機。

▶019

沙特

存在主義

認為人生是可以自行開拓的。

能夠獲得敢於面對任何狀況、絕不放棄的勇氣。

Jean-Paul Sartre
(1905-1980)

20世紀的知識巨星

法國哲學家沙特，可說是二十世紀的知識巨星。他不僅是活躍的哲學家、小說家與戲曲家，還是一位充滿了反骨精神，實際與伴侶——女作家波娃（Simone de Beauvoir）一同奮鬥，努力改變社會的人物。

沙特的代表思想是存在主義（existentialism）。沙特認為，人類絕對不是受某種既有本質支配的存在，而是應該自行開拓人生的實存存在。

他以「存在先於本質」這句話來表現這個概念。存在即是實存，本質則類似預先注定的命運。沙特以拆信刀為例來說明這個概念。拆信刀是以某種方式製作出來的物體，此外也具備特定的用途。所以在這個例子中，拆信刀是本質先於存在。也可以說，存在受到限制了吧。

如同這個例子，事先決定好製作方法與用途的存在，都是本質先於存在。換句話說，它們的命運早已注定了。不過，人類卻是「存在先於本質」。人類一開始什麼都不是，是之後才成為人類的，而且是成為自己創造出來的樣子。也就是說，人類的命運是可以改變的。

沙特以**「人類被處以自由之刑」**來形容這種狀態。這句話的意思是，人生在世隨時都必須自由地做出選擇，否則連一步都沒辦法前進。

的確，要是「做什麼都可以」，人就會不知所措。有時面對眾多選項，甚至還會覺得痛苦。不過，這句話同時也讓我們認識到一項了不起的事實：我們走在人生的道路上，每一次都能自由地從無數個選項中做出選擇。

這樣一想，應該就能獲得敢於面對任何狀況、絕不放棄的勇氣。明知道狀況很艱難，沙特本人依然積極參與殖民地獨立運動與反戰運動。在這層意義上，存在主義可說是同樣生在艱困時代的我們也一定要學習的思想。

▶020

梅洛龐蒂

身體的兩義性

認為身體既非精神也非物質，是兩義的存在。

給人一個重新檢視身體意義的機會。

Maurice Merleau-Ponty (1908-1961)

拿身體做哲學的先鋒

法國思想家梅洛龐蒂，可說是第一位正式以身體作為研究主題的哲學家。梅洛龐蒂從現象學的角度研究身體，試圖超越笛卡兒的精神與物質二元論。他認為自己的身體經驗，是既非精神也非物質之「兩義的存在方式」。

這裡的兩義性（ambiguïté），起因於人類是靠身體去感知的。所以，身體的一部分（例如眼睛）對我們而言永遠無法感知到。另外，一般來說，我們無法像察看其他東西一樣自由地觀察自己的身體。

而且，一如我絕對無法自由地觀察自己的身體，我也無法自由地意識到自己的身體所進行的潛意識活動。就像內臟與細胞會擅自活動，我們的身體有時會做出非人稱的行為。簡單來說，就是身體會不自覺地任意行動。

因此，身體具有隨意將各種感覺與運動互相連結起來，形成一個結構或意義的功能。這個概念稱為身體圖式（body schema）。也就是說，身體能夠即時將感覺變換成肌肉運動，能夠將某個身體部位的肌肉運動瞬間翻譯成其他身體部位的肌肉運動，能夠讓某種感覺與其他感覺瞬間交流。這個部分可以稱為身體存在，也就是**以身體為中心，而非自己的意識**。

由於有這個身體圖式，人類才能在世界裡順利地感知或是做出行為。為什麼辨得到這種事呢？因為感覺與運動，被視為將事物統合成一個整體的完形（gestalt），也就是形態特性或結構。

身體在世界裡做出行為時所浮現的完形，大部分是屬於無意識的領域。例如接球時，或是騎腳踏車保持平衡時就是如此。這些是作為個體的我誕生之前，就透過遺傳繼承下來的東西。在這層意義上，身體存在可以說是超越個人的傳統之循環吧。

如同上述，梅洛龐蒂的思想，提供我們轉換對身體的看法，重新檢視身體意義的機會。

▶021

傅柯

全景敞視監獄

使權力觸及身體的裝置。

懂得以權力觀點解讀近代社會的原理。

Michel Foucault
(1926-1984)

揭露權力本質的告發者

法國思想家傅柯，可以說是揭露權力本質的告發者。身為同性戀者的他，發現自己之所以為性向苦惱，都要歸因於權力形成的架構。

傅柯以全景敞視監獄來做比喻，具體揭露這種權力的本質。全景敞視監獄，原本是效益主義思想家傑瑞米・邊沁提出的監獄構想（70頁），在日本又譯為「一望監視裝置」等名稱。之後，傅柯拿它來比喻近代社會的監視機制。

全景敞視監獄的中央設有監視塔，單人牢房則圍繞著監視塔排成圓環狀。這裡設下了小機關：監視塔看得到單人牢房，但單人牢房卻什麼也看不到。換句話說，監視塔內的看守看得到所有囚犯的行動，但單人牢房裡的囚犯卻無法知道看守在做什麼。

這個時候，監視者與被監視者的視線是不平等的。這種不平等可說是權力的象徵，即其中一方完全服從另一方。在全景敞視監獄裡，囚犯隨時都會覺得自己可能遭到監視，於是自動成為順從的從屬主體。

這種權力會經由囚犯自己深入內化。換句話說，權力會被去個人化、匿名化，發揮更巧妙且精細的效果。傅柯想表達的是，可在全景敞視監獄原理看到的**規訓權力之作用，不僅發揮在監獄這項制度上，也遍及近代社會的各個方面**。

這項原理擴散至學校、工廠、職場、醫院、軍隊等社會的各種制度，發揮與監獄一樣的效果。於是，不只個人的身體，規訓也深植整個社會，繼而出現「規訓社會」。

傅柯所揭露的權力結構，在到處都裝設監視攝影機的現代社會中，可說是越來越有真實感。此外，在面臨政府與大企業之個資管理問題的現代，我們更要自覺到這種權力的存在。

德勒茲

根莖

沒有起點與終點，也沒有中心的思考法。

有助於進行不同於邏輯思維、靈活且有彈性的思考。

Gilles Deleuze
(1925-1995)

概念的創造者

法國思想家德勒茲，可說是概念的創造者。他本人也說過，哲學乃是創造新概念。所以，他與精神分析家菲利克斯・瓜塔里（Pierre-Félix Guattari），一同創造出許多嶄新的概念。其中一個代表概念就是根莖（rhizome）。

根莖常被拿來跟樹狀做對比。樹狀就類似樹狀圖，至於根莖則像地下莖一樣，是沒有中心的網絡。

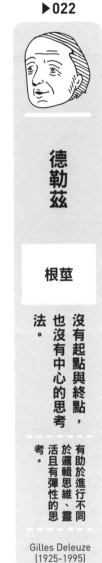

這是人類的兩種典型思考方式。樹狀是西方社會過去以來所採用的思考法。這種思考法就好比從主幹分支出去的樹狀圖，各位可以想像一下生物分類圖，或是邏輯思維的金字塔結構。

樹狀思考法，是先建立穩固的基本原則，然後以此為基準，思索幾種模式與例外。這是從前就有的思考法，應該不難理解。像分類作業通常就是以這種樹狀思考法去進行的。

反觀根莖，則可說是沒有中心也沒有起點與終點的**網狀思考法**。特徵是構成整體的各個部分自由地縱橫交錯，形成一種雜交狀態。

另外，根莖也具有多樣態，每次連接或切斷新的部分就會改變性質，也就是會隨著連接而變化。這意謂只要連接新的事物，整體的性質就會改變。具體來說，這就好比大腦的突觸或社群媒體上的關係，各位只要想像一下應該就不難理解了。

這種根莖思維，能夠打破僵硬死板的理性思維，進行靈活有彈性的思考。德勒茲提出的游牧概念，便是應用根莖思維的其中一個例子。今後的時代，想必也會越來越要求跳脫既有的框架，像游牧民族一樣自由地發想與生活吧。

▶023

德希達

解構

否定並重新建構近代價值的手法。

能夠學會可以重新建構事物的方法論。

Jacques Derrida
(1930-2004)

後結構主義的旗手

法國思想家德希達，可以說是後結構主義的旗手。其特徵為無論是自己的思想，或是以往的哲學研究與哲學教育，他都會徹底地重新探究。德希達創設了任何人都可以參加、嶄新的哲學園地「國際哲學學院（Collège International de Philosophie）」，此舉也反映出他的獨特之處。

德希達的思想當中，具代表性的概念就是解構。解構是德希達自創的詞彙，意思是重新建立。

近代所重視的，向來都是原本就視為正確的價值觀。不過，德希達認為，這是因為人們的心中存在著以符合邏輯及簡單易懂的事物為第一優先、比起文字更重視聲音、認為眼前的事物是正確的、認為男性事物比女性事物優越、認為歐洲比其他地區優越……等等的態度。

這種既有的價值觀未必正確。不，有時甚至是暴力的吧。因為，認為只有符合邏輯的事物才正確，這種想法是在排除差異。另外，認為男性事物比較優越的態度是在壓抑女性，歐洲中心主義則掀起了殖民活動與戰爭。

因此，德希達才想**拆解這些西方近代的「思考方式」**。這就是解構的概念。他從海德格所用的「拆解（destruktion）」一詞獲得靈感，自行創造出「解構（déconstruction）」這個詞彙。照字面解釋的話，意思就是拆解構造物，再重新建構。這裡的重點在於不光是拆解而已，還要重新建構。

其實，這個用語也應用在建築領域，例如解構主義建築。其特徵在於顛覆傳統建築常識的形態或概念。這類建築大多看起來像是錯位，或是遭到破壞。因為解構意謂著拆解既有事物的結構，重新建構出新的形態。

我們也要仿效德希達的解構，再一次懷疑、重新檢視社會的機制或前提，並且做出新的改變，千萬別忘了這種心態與態度。

▶024

杜威

實用主義

主張所謂的知識即為工具。

可習得循序漸進逐一完成事物的觀點。

John Dewey
(1859-1952)

實用主義的集大成者

美國哲學家杜威，可說是實用主義的集大成者。實用主義（pragmatism）一詞源自希臘語「πράγμα（pragma，意指行為或實踐）」，是在美國發展的思想，有時也稱為工具主義。

完成期以前的主要論者有三人，每個階段的思想內容也不一樣。最早提出實用主義的人是C‧S‧皮爾士（Charles Sanders Peirce）。他用這個詞來指釐清概念的方法，主張將科學實驗方法應用在概念的分析上，就能藉由展現出來的效果確定概念的意義。

接下來，威廉‧詹姆斯（William James）進一步發展皮爾士開創的實用主義。詹姆斯將皮爾士提出的實用主義方法，應用在人生、宗教、世界觀等真理的問題上。他認為，所謂的真理，必須以是否對我們的生活有用處之觀點，也就是以有用性為基準來判斷才行。

實用主義就這樣發展成更具實踐性的思想，最後由約翰・杜威集大成。杜威不只將之發展成思考事物的方法，還應用到教育與民主主義等具體的領域。

除此之外，杜威將哲學的目的定義為豐富我們的日常生活。如此一來，**思想與知識這類東西，本身就不再具有目的或價值，而是變成人用來因應環境的手段**。知識被視為對人類行動有幫助的工具。這種思想則稱為工具主義。

之後，實用主義仍持續發展，二十世紀末時，發展出後現代的新實用主義（neopragmatism），到了二十一世紀則回歸原點，發展出最新的新實用主義（new pragmatism）。

這些思想的共通點，就如同杜威的工具主義所代表的，只把知識視為工具，不過度拘泥於原理原則或邏輯整合性。這樣一來才能具備可循序漸進完成事物的靈活態度。這也可說是我們該學習的觀點吧。

▶025

列維納斯

他者

他者就是不能納入我的世界之倫理。

因為有他者，才能認識到我這個存在。

Emmanuel Lévinas
(1906-1995)

探討他者的哲學家

出身於立陶宛、活躍於法國的哲學家列維納斯，可說是探討他者的哲學家。也許是因為身為猶太人的他遭受納粹的迫害，才會對他者與倫理產生興趣。

列維納斯認為，他者是與我截然不同的存在。換句話說，他者是來自我世界之外的差異。所以，列維納斯著眼於面容，因為每個人的面容都不一樣。

我們會把跟自己一樣的事物納入自己的世界裡。如果對象是人類，一樣會想要支配對方，最極端的做法就是殺人。列維納斯認為，能夠阻止殺人的就是面容。因為人只要看到面容，就會不敢殺死對方。的確，聽說上過戰場的士兵也曾如此表示。

活在這個世界上的我們，就像這樣分成自己與他者。可是，我們的世界裡總是有他者的存在。於是這裡就產生了問題：明明是不同的存在，然而實際上，他者與我卻是密不可分的關係。

因為這段密不可分的關係，**我們必須對他者單方面負起無限的責任。**

或許有人會覺得單方面負起責任相當不公平。不過列維納斯表示，他者的存在本身即是倫理，所以這也是無可奈何的事。就是因為有他者，我這個存在才能成立。

倫理一般是指同伴之間該遵守的規則，因此自己與他者之間的對等關係是先決條件。但是，列維納斯提出的倫理，是對他者負起無限的責任，形成非對等的關係。

列維納斯的這個思想，應該能促使我們重新檢視自我中心的現代社會。因為我們要對他者負起無限的責任，這個認知必然會促使我們改變對他者態度或社會制度的觀念。

羅爾斯

正義論

提倡公平的正義，並提出消除差距的理論。

瞭解正義的意義與訂定規則的方法。

John Rawls
(1921-2002)

復興政治哲學的哲學家

美國政治哲學家羅爾斯，被認為是復興政治哲學的人物。原本政治哲學這個範疇，自亞里斯多德之後，可以說一直都不怎麼興盛。後來是當時在哈佛大學任教的羅爾斯推出《正義論》（A Theory of Justice）一書後，才復興了政治哲學。

為了釐清什麼是正義，他提議先進行**無知之幕**（veil of ignorance）這項想像實驗。蓋上無知之幕，就如同遮斷了自己的資訊。這樣一來便能製造出每個人都是處於合理且相同狀況的狀態。

羅爾斯稱這種狀態為原初狀態。簡單來說，這是可保證「此時取得的共識是公正的」的初期狀態。蓋上無知之幕處於原初狀態後，人才終於能夠設身處地看待他人的事。如此一來，才能達成判斷「什麼是真正的正義」之前提條件。

那麼具體來說，我們該怎麼判斷真正的正義呢？關於這點，羅爾斯提出**正義二原**

則這項基準。第一原則為「平等自由原則」，第二原則為「機會均等原則」與「差異原則」。

首先，第一原則認為，每個人都應該擁有平等的自由。不過，這裡所說的自由，只限於言論的自由、思想的自由、身體的自由等這類基本的自由。

接著是第二原則的「機會均等原則」。只有在保障人人都有公平的機會獲得某個地位或職業時，才能容許社會上、經濟上的不平等。假如還是存在不平等，就用第二原則的「差異原則」來調整。

而且，使用差異原則調整時，除非是最不幸的人獲得最大利益的情況，否則不得出現不平等。公平的分配，必須經過這段程序才能實現。

我們可從羅爾斯的哲學學到正義的意義，以及訂定規則的方法。不光是正義，當我們要探討各種概念時，應該也可以參考羅爾斯的思考程序才對。

▶027

鄂蘭

行動

主張政治活動是人類必須要從事的行為。

促使我們思考該如何參與社會。

Hannah Arendt
(1906-1975)

提出公共哲學的女性現代思想家

出身於德國的思想家鄂蘭，是提出公共哲學的女性現代思想家。身為猶太人的她，為躲避納粹的追捕而流亡到美國，之後就在那裡一展長才。鄂蘭揭露極權主義的發生機制，並且提出理想的人類形象與社會形象。

她所提出的其中一個概念就是行動。鄂蘭在《人的條件》（The Human Condition）中，將人類的基本活動分成勞動（labour）、工作（work）、行動（action）這三大類別。

勞動是指與人體的生物過程對應的活動。例如煮飯、洗衣服等等，也就是創造生活所需之物的行為。至於工作則是指和人類存在的不自然性對應之活動。這個行為創造的，是工具或建築物之類的建造物。

最後的行動（action），可說是透過言論進行的草根政治活動。各位不妨想像一下社區活動。鄂蘭認為，人類是政治動物；是在共同體當中，一同透過討論決定事情，並且互相扶持的存在。

對這樣的人類而言，行動是必不可缺的。正因為有這種行動，我們才會遇到異質的人，去想執行例行公事時不會想的事。換言之就是懂得思考。

鄂蘭認為，**缺乏思考會造就出極權主義**。因此，她在耶路撒冷旁聽納粹幹部艾希曼（Adolf Eichmann）的審判後，撰文指出無思想性有多麼可怕。

人若是什麼都不想，就會在不知不覺間犯下滔天大罪，甚至不會有罪惡感。她稱這種現象為邪惡的平庸性。

鄂蘭的思想，不僅讓我們注意到思考的重要性，也促使我們思考自己該如何參與社會。

▶028

哈伯瑪斯

溝通行動

認為理性非工具，而是達成共識的方法。

有助於思考進行開放式對話的方法。

Jürgen Habermas
(1929-)

德國的良心

德國哲學家哈伯瑪斯素有「德國的良心」之稱。每次發生什麼大事或問題，人們一定會詢問哈伯瑪斯有何見解。因此，哈伯瑪斯至今已談論過各式各樣的問題。另外，他也跟許多知識分子進行過論戰。

哈伯瑪斯所提出的第一個著名思想，是關於溝通行動的理論。溝通行動是指理想的對話行為。他主張我們應以開放的態度傾聽對方的意見，共同締造某個結果，而不是用理性去說服對方。

想要說服對方的理性，只不過是工具理性，把人當成了達成目的的手段。反之，尊重對方，一同努力達成共識的理性，則稱為溝通理性。

進行討論時，必須尊重對方的立場溝通才能成立。這種基於溝通理性的對話，不同於為了達成目的，藉由命令或欺瞞等方式，強行影響對方決策的策略行為。前者是先讓對方心服口服，之後再尋求同意。

哈伯瑪斯表示，進行這種對話必須符合三項原則。這三項原則分別是：**①參加者使用同一種自然語言；②參加者只陳述、擁護信以為真的事實；③所有的當事者都是以對等的立場參與討論。**

哈伯瑪斯提出的溝通行動，其迷人之處在於認為同樣在乎相互理解的公民，能以對等的立場進行討論，並在這段過程中改變自己的判斷或見解。換句話說，我們有可能透過討論改變彼此的想法。對話的意義可說就在於這一點。

哈伯瑪斯提出的這種討論方式稱為「審議」，他本身則提倡樹立以審議為基礎的民主主義，也就是審議民主（deliberative democracy）。我們在日常生活中的各種情境實踐開放式對話時，也應該參考哈伯瑪斯的思想。

▶029

奈格里

諸眾

主張諸眾即為對抗「帝國」的勢力。

有助於探討對抗全球主義的人群串聯。

Antonio Negri
(1933-)

全球化時代的共產主義者

若要用一句話來形容義大利思想家奈格里，大概就是全球化時代的共產主義者。奈格里跟麥可・哈特（Michael Hardt），一同摸索全球化社會下理想的新共產主義。兩人合著的里程碑之作《帝國》（Empire），堪稱是全球共產黨宣言。

這個「帝國」不同於從前帝國主義的帝國，此外也不是指現實世界中的超級大國——美國。這裡的「帝國」是指兼具君主制、貴族制、民主制這三面的混合政體。君主制的一面，指的是以美國為首的軍事機構，以及IMF（國際貨幣基金組織）、WTO（世界貿易組織）等經濟制度。貴族制的一面，指的是G8（八大工業國組織）、聯合國安全理事會、多國籍企業等等。至於民主制的一面，指的是NGO（非政府組織）這類全球民眾。

奈格里他們以「諸眾（multitude）」這個概念，重新定義全球民眾，並且將之定位為對抗「帝國」的勢力。「諸眾」原本是史賓諾沙提出的概念，意指多數且多樣的。此外，「諸眾」亦指各種差異所形成的活動。

這樣看來，有些人或許會聯想到擔起共產主義革命的勞工。不過，諸眾與這些產業勞工是截然不同的存在。奈格里他們強調的是，從產業勞動轉為非物質勞動。意思就是說，主體從產業勞工階級轉為諸眾。

因此，**構成諸眾的並不只有產業勞工，當中還包含學生、失業者、女性、移民、外籍勞工等所有階層**。各位可以想像一下，透過網路串聯起來的反政府民眾。

正因如此，諸眾雖然總是多數且多樣的，但又能共同展開活動。這是自律性與協作性的連結，同時也是創造內部差異所帶來的、可共享的共同事物。

奈格里他們提出的諸眾概念，在探討對抗全球主義的人群串聯時，能夠提供有效的觀點。

▶030

梅亞蘇

思辨實在論

否定康德以後的相關主義，導出偶然性的必然性。

可獲得認識世界的新觀點。

Quentin Meillassoux
(1967-)

思辨轉向的旗手

法國哲學家梅亞蘇，可說是「思辨轉向（speculative turn）」這股最新哲學思潮的旗手。現在的哲學界，在這十年左右的期間逐漸興起了帶來巨大影響的新潮流。其中之一就是思辨實在論（speculative realism），這個名詞最早出現在二〇〇七年，於英國倫敦大學金匠學院舉辦的研討會上。當時的發表人之一就是梅亞蘇。

梅亞蘇在發表主要著作《有限性之後》（Après la finitude. Essai sur la nécessité de la contingence）後，一躍成為備受矚目的焦點。梅亞蘇在書中提出相關主義（correlationism）這個概念。可說是與思辨轉向之潮流共通的關鍵概念。

相關主義認為，事物只能藉著與人類之間的相關關係存在。好比說，因為人類看得見所以存在於那裡，或是因為人類覺得硬所以就是硬的。這也能說是以人類為中心，思考所有事物的看法。

哲學界長久以來都是以相關主義為前提。但是，梅亞蘇卻對這項前提提出異議。如果以相關主義為前提，人類就沒辦法思考無法認識的東西了。康德將這種無法思考的東西稱為「物自身」（75頁）。

以杯子為例，在看得見、摸得到的範圍內人類能夠認識，不過若是無法以理性認識的範圍就不可知了。這個不可知的部分，就是杯子的物自身。梅亞蘇即是批判相關主義，想藉由跳脫這個框架，證明思考物自身的可能性。

於是梅亞蘇反向思考，試圖透過貫徹相關主義來解決這個問題。如果貫徹以人類為中心思考的相關主義，勢必會出現人類無法思考的部分。這樣一來，這個世界就存在著人類所不知道的部分。說不定這個世界也有可能不再是現在的樣貌。換言之，**這個世界有可能非常偶然地變成別的世界**。

於是就會發生如同《有限性之後》的副標題「偶然性的必然性」之狀況。由此看來，思辨實在論能夠提供我們認識世界的全新觀點吧。

面對21世紀的問題

AI、生物科技、恐怖主義……等等

Chapter

3

本章的運用方式

本章要介紹的是，用來面對二十一世紀各種問題的哲學。隨著科技的飛躍發展，之前人類不曾經歷過的嚴重問題也接二連三發生。此外，這個世界原本就存在的問題，也終於走入死胡同，到達即將爆發的階段。

前者的問題，有AI、網際網路、監控社會、生物科技、環境問題等等。後者的問題，則有資本主義、全球主義與民族主義、宗教對立、恐怖活動、民粹主義等等。

不消說，對於這些問題，相關領域的專家一直都在以專業觀點摸索解決辦法。然而，這些問題依然未能獲得改善，可見應該是有什麼緣故才對。也許是因為討論時並未追溯本質的緣故。

所有問題都有其原因。必須從這個原因追究至更深的層面，才能發現解決辦法。因此，本章將針對前述的十大問題，追溯各自的本質，由我帶領大家摸索解答。

每個問題我都會盡量介紹較新的討論內容。不過，這些見解未必都是出於狹義的哲學領域。現代問題都是跨領域的、講求專業性的，因此雖說是以哲學觀點來探討問題，但討論大多是由非哲學領域的專家所主導。關於這個部分還請各位見諒。

本章介紹的論者，絕大多數都不具有哲學家頭銜。這同樣可以說是現代社會的特徵。並不是因為有哲學家討論才成為哲學，哲學觀點才是最重要的。舉例來說，關於ＡＩ的問題，若是少了ＡＩ專家就無法討論了，即便是哲學性討論也一樣。

希望各位能參考以下的討論，並根據自己每日獲得的新資訊，進一步思考未來。畢竟本章的作用只是引領各位展開思考而已。那麼，我們開始吧！

001

AI

人類與機械有何不同？

ＡＩ（人工智慧）的進化十分驚人，如今在各個領域簡直就像是能開拓未來、備受期待的明日之星。尤其因為目前已開發出深度學習技術，使得ＡＩ可像人類一樣學習並懂得應用知識，它們擁有超越人類的能力已是指日可待的事實。可是這樣一來，未來不見得一定是充滿希望與幸福的薔薇色。

這是因為ＡＩ有可能支配人類。即使不至於發生這種情況，人類的存在意義面臨考驗也只是時間問題。事實上，目前就有許多人懼怕自己的工作會被搶走。究竟人類與ＡＩ有什麼不同呢？

關於這個問題，法國哲學家勒內・笛卡兒早在十七世紀，就於他的著作《談談方法》中明確指出人類與機器人的差別。簡單來說，兩者的區別就是：**人類的頭腦是普遍的工具，機械則需要個別配置。**這裡的普遍是指任何地方任何事物都可以套用，個別則是指只適用於某項事物。

因此，人類的頭腦是普遍的，亦即萬能且無限的。反觀機械，在邏輯上無論它們到哪兒都只是個別的集合。

自笛卡兒以後，我們一直都是依據這個觀念跟機器人打交道。機器人不過是個別的集合，即便在它們被稱為ＡＩ以後，我們依舊把它們視為人類的僕人、視為工具，這也是無可厚非。可是現在，情況卻有了很大的轉變。

奇點的到來

ＡＩ與過去的機器人不能相提並論，因為前者比人類還要優秀。所以，ＡＩ不可能甘願做個僕人或工具。既然這樣，不如摸索兩者的共存關係吧？就由人類負責具創造性的部分。

可是，當機器人有了意識之後，應該不會同意這種對人類有利的分工。據說

ＡＩ一直呈指數級進化，遠遠超乎我們的想像。未來學家雷蒙德・庫茲維爾（Ray Kurzweil），就在《奇點臨近》（The Singularity Is Near）中明確描述這樣的未來。至於轉捩點則是科技奇點，亦即所謂的奇點。

庫茲維爾表示，奇點並非單指機器人的思考能力超越人類這件事，而是指人類生活至今的世界產生變化。簡單來說，**人類的定義，以及世界的規則全都會改變**。

庫茲維爾預測，這樣的現實將在二〇四五年到來。倘若機器人這個存在跟人類一樣擁有意識，人類應該就再也沒辦法控制機器人了吧？

機械具有意識嗎？

不過，就算奇點到來，誰能證明機器人真的擁有意識呢？關於這個問題，我們可以參考哲學家丹尼爾・丹尼特（Daniel Dennett）的見解。他以「人類也是由血紅素、抗體、神經元構成的機器人」為前提，在著作《心靈的種類》（Kinds of Minds）中提出以下的見解。

丹尼特認為，在某種意義上人類就相當於由細胞構成的機器人，但同時也是具有意識的存在。既然如此，機器人當然也能夠擁有意識。不過，或許還是有人會這樣反駁：人類的意識，與機器人擁有的意識是不一樣的。

若要回答這個問題，就得正確且客觀地敘述人類的意識是怎樣的東西，但這種事根本辦不到。原因在於，既然意識是該個體的自我認識，或者應該說既然意識的定義是這樣的，該個體以外的人絕對無法得知真正的內容。換句話說，意識是無法客觀敘述的東西。所以，**我們其實也不知道其他人是否擁有意識**。

因此，無論對象是機械還是人類，只要物理構造跟人一樣，並且主張自己具有人類的意識，其他人全都必須承認這項主張才行。總之結論就是，機械是能夠具備意識的。有了意識後，機械便會擁有自我，並且開始主張自我。姑且不論這樣稱呼是否恰當，機械應該也會開始主張「人權」吧。於是，人類與機械就此展開無盡無休的鬥爭。

人類與機械如何共存？

我們再回到剛才的論點。該如何控制機器人才好呢？人類的期望是，既然機器人具有意識，我們應該也能跟它講道理才對。也就是認為只要溝通，它們應該就會瞭解。實際上，這樣的認知確實讓人以為，以往的機器人倫理也能套用在高度發達的AI上。以往的倫理，是指美國科幻作家以撒・艾西莫夫（Isaac Asimov）提出的**「機器人三大定律」**，內容如下：

第一，機器人不得危害人類，或是坐視人類受到危害。

第二，機器人必須服從人類的命令，除非命令違反第一定律。

第三，在不違反第一或第二定律的情況下，機器人可以保護自己。

換句話說，最基本的原則就是機器人要以人類為優先。然而，許多人都還沒發現，過去與現在的情況根本就不一樣。

「為了人類」是行不通的

認知機器人學教授莫瑞・沙納罕（Murray Shanahan）在《科技奇點》（The

Technological Singularity）中，針對未來可能發生的情況之本質提出了這樣的見解：「我們必須先暫時甩開習慣，別動不動就將ＡＩ擬人化，把它們視為像人類一樣受情感之類原動力所驅動的存在」。

沙納罕的這項見解，是談論奇點以後堪稱超級智慧的ＡＩ時所不可或缺的觀點。我個人在看到這項見解後，頓時恍然大悟。**就算AI跟人類一樣具備思考模式，也未必就擁有跟人類一樣的常識**。不，這種可能性反而低到極點。原因在於，它們的目的正是達成目的。而且，它們應該會徹底執行這件事才對。

沙納罕以迴紋針為例誇張地表示，假如需要迴紋針，它們也有可能考慮增產迴紋針，即使會讓地球毀滅也在所不惜。因為對它們而言，「一切都是為了人類」這個目的，絕對不是不成文的前提。

而且，起初它們或許具備跟人類一樣的思考模式並發展下去，但之後也極有可能找出其他的思考模式。事實上，曾有人做過讓ＡＩ對話的實驗，結果因為ＡＩ開始採用人類無法理解的規則而趕緊中止實驗。

如果繼續發展下去，**人工智慧會變成人類無法估量的智慧生命體**。它們的祖先也許是人類創造出來的，但我們人類卻完全無法掌握，它們到底在想什麼、要開始做什麼事。

通常發表這種言論，馬上就會挨批是杞人憂天、沒有經過實證等等。不過，沙納罕卻表示，只要可能性不等於零，而且這一絲的可能性會導致嚴重的後果，我們就必須事先做好準備才行。的確，假如事先做好準備就能防範問題於未然，那自然再好不過。

哲學常被揶揄是紙上空談，派不上用場，但哲學不受實證的限制，具有可從各式各樣的觀點思考問題的彈性。正因為ＡＩ是未知的問題，除了運用專業的科學技術外，也該以包括哲學在內的廣泛觀點著手處理吧。

002 網際網路

網路普及的功與過

網際網路比ＡＩ先一步大幅改變我們的生活。在這幾十年的期間，電腦從一開始的神奇魔法盒變成跟家電沒兩樣的便利工具，在人們眼中，網際網路儼然就是解決這世上各種疑難雜症的救世主。

但是，批判數位革命的矽谷創業家安德魯・基恩（Andrew Keen），卻在近期著作《網際網路並非答案》（The Internet Is Not The Answer）中猛烈批判網際網路。他表示，**網際網路非但不是解決問題的辦法，反而還是非解決不可的重要課題**。

網際網路確實創造出許多如Google與Facebook那樣的超級勝利組，卻也不能否認許多網路使用者遭到壓榨。所以基恩才會批評，網際網路看似以多樣性、透明性、開放性為賣點，實際上卻是排他的、不透明的、不平等的存在。

不光是經濟上的不平等，網際網路如今已成為犯罪的溫床。個人、組織甚至是國家，都會經由網際網路遭受犯罪的侵害。諷刺的是，把網際網路當成有潛力的基礎設施來運用後，反而提高了遭受新型態攻擊的可能性。像伺服器攻擊便是其中一例。

除此之外，還產生了道德方面的問題。例如有些人網路上的身分認同，與現實社會中的身分認同不一致。因此基恩主張，若要使網際網路變成更公正、更美好的地方，設置規範是最有效的辦法。

但也不是光設置規範就好

不過，這裡必須注意的是，網際網路的優點就是規範鬆散這項事實。為什麼網路上會誕生出這麼多的創新呢？這是因為網際網路跟現實社會不同，規則尚未訂定得太嚴格。也就是這個緣故才會產生問題，不過若是訂定嚴格的規範，網際網路就會失去這個優點。

因此，該怎麼規範網路又能兼顧這個優點就成了課題。網際網路的問題可以分成兩個面向，即**「連結」**與**「封閉」**。網際網路一直在連結人們、物質與資訊，甚至可以說連結過了頭。但與此同時，網際網路也將我們封閉在極為狹隘的世界裡。

「連結」　過度連結與思考傳染

指出前者問題的是，《過度連結》（Overconnected）的作者威廉・H・戴維德（William H. Davidow）。他將世界因網路的連結而陷入無法控制之狀態的現象，稱為「過度連結」並予以抨擊。原因在於，謠言與傳聞會在一瞬間透過這種連結散播出去，甚至有可能引發全球規模的金融危機。此外他也警告，這種貪婪與謠言的散播是一種「思考傳染」。

網際網路確實將整個世界串聯起來。可是，如果無法控制，這個連結一下子就會造成混亂。於是就會發生**毫無可信度的資訊瞬間在網路上流竄，而且幾十億的人立即予以回應的危險情況**。

透過社群媒體發起的國家革命或民主化運動之所以盛行起來，可說是拜這種過度連結所賜。不過，千萬別忘了這背後潛藏著危險。最近的假新聞現象，就稱得上是一種思考傳染。那麼，我們該怎麼辦才好呢？

戴維德認為必須從過度連結狀態回到高度連結狀態，於是提出以下三件該做的事：①降低正回饋的水準，減少回饋引發的事故，緩和思考傳染，全面減少無法預期的結果。②設計更加牢固的系統，使事故不易發生。③對已經存在的連結強度有所自覺，改革原有的制度，使之變得更有效率，適合度也更高。

簡單來說，①就是在煩惱網際網路的問題之前，應該先設下限制避免事物陷入過度的狀態。②就是字面上的意思，建立牢固的系統。③則是以網際網路的過度連結狀態為前提，認為我們只能反過來改變社會的制度。

「封閉」過濾罩

接著來思考另一個面向「封閉」的問題。伊萊・帕理澤（Eli Pariser）在著作《搜尋引擎沒告訴你的事》（The Filter Bubble）中指出非常嚴重的問題。

人越常使用網路，自己的資訊便越容易被網站掌握，並且越容易顯示自己可能需要的資訊。如果是出現自己搜尋過的商品之廣告倒還不難發現，但若是搜尋結果已根據這些過往的資料進行過濾，應該就完全察覺不到。即便使用同一種搜尋引擎，搜尋同一個關鍵字，自己與他人獲得的搜尋結果其實是不一樣的。

帕理澤指出，這種情況會造成三個問題：①過濾罩讓人自我孤立；②過濾罩無影無形；③要不要進過濾罩由不得我們。這些都屬於「封閉」問題。

那麼，該怎麼辦才好呢？帕理澤針對這個問題，提出了個人、企業、政府各自能夠做到的事。舉例來說，個人應該主動留意並改變行為模式；企業應該讓一般人也看得到過濾系統；政府應該認真監控企業無法主動做到的部分。

至於過濾罩的最大問題在於，它會造成**大企業或部分人士能夠操作個人之狀況**。因為，過濾罩會悄悄削減個人的自由發想。帕理澤也很愛使用「serendipity」這個詞，網際網路的活力大多源自於「serendipity」，也就是巧遇新知識。但是，過濾罩會奪走巧遇新知識的機會。由此看來，帕理澤提出的因應對策都是有必要的。

說到底，在網際網路成為基礎設施，再也不覺得它特別的這個社會，網際網路的規範同樣也會變得不足為奇。所以比起設置規範，更理想的做法反而是充實使用網路時的倫理。

003

監控社會

超越全景敞視監獄

現在，我們正面臨堪稱為超級監控社會的現象。近代以後就成為問題的監控社會，隨著網際網路的進化，衍生出遠超過從前監控社會範疇的各種問題。因此，我想先從堪稱是近代監控社會之原型的全景敞視監獄談起。

如同第二章的介紹，全景敞視監獄原本是英國效益主義思想家——傑瑞米・邊沁提出的監獄構想，在日本又譯為「一望監視裝置」等名稱。之後法國思想家米歇爾・傅柯使用這個概念，揭露**蔓延近代社會的權力監視**。

全景敞視監獄的機制是這樣的：監獄中央設有監視塔，單人牢房則圍繞著監視塔排成圓環狀。這裡設下了小機關，監視塔看得到單人牢房，但單人牢房卻什麼也看不到。如此一來，監視塔內的看守就看得到所有囚犯的行動，但單人牢房裡的囚犯卻無法知道看守在做什麼。

於是，即便實際上看守並未監視，囚犯仍時時過著遵守規則的生活。因為囚犯隨時都會覺得自己可能正遭到監視，而自動成為順從的「從屬主體」。至於權力則會經由囚犯自己深入內化。

此外傅柯認為，可在全景敞視監獄原理看到的規訓權力之作用，不僅發揮在監獄這項制度上，也遍及近代社會的各個方面。國家就不用說了，其他像學校、工廠、職場、醫院、軍隊等等，這類人們集合起來從事某項活動的地方也全包括在內。

不過，進入現代社會後，個人的權利也隨之提升，我們不再只是受到如喬治・歐威爾（George Orwell）在《一九八四》（Nineteen Eighty-Four）中描寫的獨裁者——「老大哥」那樣的存在監視的「從屬主體」。

尤其在先進國家，資本主義的發達造就出消費社會，就某個意義來說似乎也產生了討厭從屬的個人。最起碼我原本是抱持這樣的印象，所以才會認定監控社會已經是過去式了。

超級監控社會的到來

然而現實卻不是如此。在我們一無所覺的情況下，科技創造出新的監控社會。這個現象堪稱是超級監控社會。電腦安全權威布魯斯・施奈爾（Bruce Schneier）在著作《隱形帝國》（Data and Goliath）中，詳細報告現在到底發生了什麼狀況。

簡單來說，**政府與企業一直在蒐集、保存、分析，我們在度過數位化人生的過程中所產生的大量數據**。而且，這種情況大多是在當事人不知情也未同意的狀態下發生。

這誠然就是前ＣＩＡ技術員愛德華・史諾登（Edward Snowden）所揭發的真相：美國政府一直在暗中實施大規模監控。國家監控著全球網路使用者的一舉一動，這種情況已成為現實。不只如此，施奈爾更表示，企業同樣會趁我們在網路上活動時，蒐集並儲存這些資料。

的確，亞馬遜比任何人都清楚我想看什麼書，Facebook比任何人都清楚我的交友狀況。Google應該也比我還要瞭解我的個性吧。這種大規模監控，正是超級監控社會的本質。

不知不覺受到控制的社會

當某個人擁有連自己都不曉得的一切資訊時，最大的問題是什麼呢？施奈爾指出，最大的問題就是控制。

除了可以利用廣告控制購買行為，就連選舉時的投票行為都能控制。不消說，隱私當然也會受到侵害。而且，因為資料會儲存累積下來，這種控制是永久的，並非只有現在才會發生。

舉例來說，過去的汙點隨時都有可能突然被揭露出來。如此一來，我們每天都得過著提心吊膽的生活。

齊格蒙・鮑曼（Zygmunt Bauman）與大衛・萊昂（David Lyon）合著的《液態監控》（Liquid Surveillance），便是探討大規模監控社會所造成的不安本質。萊昂支持鮑曼提出的「液態監控」概念，並指出現代的監控社會已進入後全景敞視監獄之階段。

液態監控可說是對應鮑曼所言，「液態現代性（liquid modernity）」時代的監控形式。原本是固態的社會架構因轉為液態而變得不穩定，此外由於每個人都持有iPhone或iPad這類行動裝置，就算沒人監督，我們也一直在執行自我監控的任務。

這種情況繼續發展下去，**我們就會在不知不覺間成為大規模監控的對象**。然後，當我們發現這個可怕的事實時，便會立刻感到不安。

萊昂針對這股不安的本質做出這樣的分析：我們為了追求安全而加強監控，卻因此感到名為不安全（insecurity）的不安。鮑曼嘲諷這種狀態是「安全成癮」。我們過度追求安全，因而沒發覺自己失去了自由。

既然如此，無法放棄安全的我們，到底該怎麼辦才好呢？如今我們的社會，可以說在安全與自由這兩個選項中選擇了前者。但是，失去自由所造成的不安全，反而使人們不安。我們必須解決這個矛盾才行。

維持自由才能獲得的安全

當然，如果不在乎隱私的話，應該能夠消除一定程度的不安才對。講白點就是看開。事實上，最近就有一些年輕人不以為意地公開自己的隱私。他們似乎是想藉由改寫自由的概念來抹除不安。

想在任何人都會被看，也看得到別人的社會中自由地生活，最好的辦法就是不去在意。若要講得更高雅一點，寬容是最好的辦法。如果不想在這個沒有隱私的時代，過著令人窒息的生活，就必須寬容面對看與被看這兩件事。前者的意思是，要自我約束「看」這項行為。

可是，並非人人都辦得到寬容面對被看這件事。即便是公眾人物，也沒辦法將自己的一切攤在世人眼前吧。況且這種策略，無力阻止權力的失控。權力不會自我約束「看」這項行為。「共謀罪」法案（譯註：日本於二〇一七年通過的組織犯罪處罰法修正案，針對兩百多種犯罪準備行為加以處罰，但因認定標準模糊而引發爭議）之所以令日本民眾憂心，也可以說是出於這個原因。就算能夠不在意被看這件事，要是自己因此蒙上嫌疑，就無法守住自由了。

說到底，若以二元對立的觀點去看待安全與自由，我們就不得不犧牲掉其中一方。因此，我們必須脫離這個兩難才行。總之，活在大規模監控時代下的我們，必須更加重視自由。因為只要稍一妥協，我們就會失去自由。**沒有自由，就沒有真正的安全。**

004 生物科技

超人類的誕生

生物科技領域的發展同樣突飛猛進。其中常被哲學界提出來討論的，就是有關人類方面的應用，例如複製人與訂製嬰兒（designer baby）等等。支持突破人類體能極限的超人類主義（transhumanism），也在最近成為熱烈討論的問題。

話說回來，什麼是身體呢？人類是擁有身體的存在。但是，哲學界長久以來都只談論意識，非常輕視身體的存在。法國哲學家笛卡兒，可說是造成這種現象的元凶。

他提出心物二元論，過度重視意識的意義，並且主張身體跟其他物質一樣只是廣延（res extensa）。從此以後，這就成了哲學界身體論的基準。

不光是哲學界，無論在哪個領域，人們都忽視身體的重要性。所以，大家才會不以為意地過度使用身體。即使這麼做會造成憂鬱、過勞死也一樣。

進入現代以後，我們才終於開始關注身體的意義。最早正式以身體作為哲學主題的人，據說是法國哲學家梅洛龐蒂（94頁）。他把身體視為連接意識與世界的介面。

這意謂著只要身體進化，世界就會隨之改變。實際上，人類為了獲得更優秀的身體，一直在設法讓身體進化。這種思想就稱為**優生思想**。

當中最惡名昭彰的，就是強行創造優秀人種的納粹思想，除此之外也有自己主動想要進化的優生思想。運動界所說的強化也可算是一例。強化就是使用藥物，或是直接改變肉體來增強體能。

從身體的進化來探討世界

儘管這種趨勢遭受批評，如今我們依舊天天在增強自己的身體。這要歸功於醫療的發達。於是，出身於瑞典的哲學家尼克・博斯特倫（Nick Bostrom）提出了超人類主義。他創立世界超人類主義者協會，主導這個領域的討論。

現在人類已有可能藉由科學大幅度地增強體能。因此，**只要大家都進化了，理應**

沒有任何壞處才對。的確，沒有人會批判醫療吧。在現代社會中，身體的進化可以視為醫療的延伸。

因此我們必須思考的是，如何面對身體進化所伴隨而來的新世界。例如：如何訂定這個新世界的規則？如何在那裡生活？世界的意義改變後，生活方式當然也會隨之改變。舉例來說，如果大家都能像鳥一樣在空中飛，就必須訂定在空中飛時該遵守的交通規則。

在這種該稱為後人類（posthuman）的新人類出現之前，我們必須先進一步確定基本的規則。這也算是針對接納新世界的條件所達成的共識。

實現超人類的三大條件

關於這點，博斯特倫在〈超人類主義者價值觀〉（Transhumanist Values）這篇論文中指出，若要實現超人類主義的計畫，必須符合以下三項基本條件。

第一項條件是全球安全。具體來說，就是必須避免地球原有的智慧生命，亦即人類的存在面臨危機。

第二項條件，當然就是科學進步。而且，這項條件跟經濟成長息息相關。

第三項條件則是廣泛應用。想要實現超人類主義的計畫，重點就是大家都要能夠成為後人類。這點正是超人類主義者價值觀中，道德迫切性的基礎。換句話說，無論國籍是什麼、經濟狀況如何，都必須賦予每個人能夠成為後人類的機會，因此廣泛應用是不可或缺的條件。

距離超人類變得理所當然的時代，還剩下一點時間。**為避免這個議題成為新的優生思想**，我們必須不斷討論，建立萬全的體制才行。人體的未來是光明抑或黑暗，取決於我們能不能堅持不懈地討論這個問題。

從藝術探討生命

根據《生物藝術》（Bio Art）的作者威廉・邁爾斯（William Myers）的解釋，生物藝術是以生物學作為表現媒體，透過這種藝術作品關注生物學本身的意義與自然的變化。如此一來，就能改變我們共同擁有的、對於自然與環境的倫理觀。

其背景因素在於對環境破壞、生物滅絕、異常氣候等悲慘狀況所產生的危機意識。簡單來說，生物藝術是嘗試以極為前衛的手法來提出問題。

也就是運用生物科技，以充滿震撼力的藝術形式，表現包括人類在內的生物所面臨的危機，藉由這種方式提出問題。舉例來說，該書介紹的作品之一——阿恩・亨德里克斯（Arne Hendriks）的「The Incredible Shrinking Man」（超神奇縮小人），即是提出將人類的平均身高縮短五十公分的構想。這樣一來，我們就能在人口高達九十億的世界裡和平共存。

我之所以把生物藝術當作哲學的討論對象，是因為這些作品並非單純的模擬，而是當作研究專案實際與研究者合作製作而成。也就是說，**生物藝術是預先向我們展現，能夠靠科技實現的未來**。

邁爾斯提出警告，人類必須盡快解決科技發展所造成的倫理問題。這類技術或許有朝一日，有人能夠成功實現並且將之實用化。但是，這樣就太遲了。為避免這種情況發生，藝術家才會帶著成熟的見解，透過作品，明確告知當前真正的危機是什麼。

他們藉由藝術，呈現出我們無法想像的未來。哲學也該響應這樣的行動，積極地思考未來。

005

環境問題

該以人類為中心，還是以自然為中心？

現在是個任何領域都必須具備環境觀點的時代。研究能源政策時當然不用說，另外像學術研究、教育、產業、商業、從社區活動到社區營造，也都要求重視環境倫理，即考慮自然再展開行動。

關於環境倫理的問題，過去總是以**二元對立**之觀點進行討論。例如：該奉行人類中心主義還是自然中心主義；該從效益主義的角度評估生物資源，還是該找出生物的內在價值；該重視經濟學還是生態學；該重視經濟學中的新古典派經濟學還是生態經濟學……等等。

雖然能夠從各式各樣的角度列出種種對立，不過簡單來說，問題其實就在於該選擇人類還是自然。挪威哲學家阿恩・內斯（Arne Næss）提起的、生態運動中淺層生態學與深層生態學這兩個概念的對立，就是其中一個典型的例子。

淺層生態學只探討環境汙染與資源枯竭這兩類環境問題，並且試圖透過法規或制度等技術手段來解決這個問題。基本上是以延續人類的物質發展為前提。

與之相對的，則是內斯在《生態學概要》（Ecology, community and lifestyle：outline of an ecosophy）中所提出、平等看待自然與人類的深層生態學。深層生態學不認為環境問題可單純靠技術解決，或是只要從技術方面下手解決就好，而是要求從根本改變心態，重新思考人類與自然的關係。

深層生態學的理想

內斯認為，所有的生命都平等擁有生存與繁榮的權利。因此，我們必須處理會破壞人類與自然的多樣性共存的各種問題。換言之，深層生態學強調的是人類與自然之關係的平等性。

淺層生態學是基於人類中心主義，深層生態學則是試圖翻轉這個關係。因為，如果平等看待人類與自然，那麼**實際上人類就得為了自然而退讓**。這意謂著自然必定優先於人類。事實上，像激進的環保團體阻止捕鯨，或是居民反對開發工程等情況，就是自然受到保護，但人類必須忍耐。

不過，即便明白環境保護很重要，但這種二元對立的想法是無法導出解決辦法的。環境問題永遠只會淪為兩種立場或情緒相互衝突的導火線。這樣不僅對雙方沒有半點好處，對環境本身而言也是一種不幸。尤其自三一一大地震的福島第一核電廠事故之後，有關核電的環境議題就成了這種衝突的典型。

如何展開行動？

不消說，在內斯之後深層生態學仍舊試著發展下去，絕對不是提出崇高的理想就心滿意足。例如美國哲學家大衛・羅森堡（David Rothenberg）就在內斯的鼓勵下，提出新的深層生態學綱領。

當中針對生命、自然、人類存於／與自然（Human in/and Nature）、無虛假距離、外部改變、內部改變、觀念的普及提出七大原則。

舉例來說，關於生命，他主張「所有的生命都具備固有價值」；關於外部改變，他則主張「對於外部，我們必須改變社會的基本結構以及其指導政策」。除了七大原則外，他也呼籲大家展開行動。

羅森堡自己也承認，這些原則都是很一般的內容。不過重要的是，該怎麼讓每個人接受這些原則，並且展開行動。

這七大原則中數度出現「改變（change）」這個字眼，由此可見對環境問題而言，實際展開行動是很重要的。若要使人展開行動，環境倫理也不能過於理念或不切實際，必須發展成較易實踐與切合實際的概念。

環境實用主義的登場

因此接下來，我們要關注的是美國哲學家布萊恩・諾頓（Bryan Norton）的環境實用主義（environmental pragmatism）。實用主義是發源於美國的哲學，如同字面上的意思，這個觀念認為實際做了之後如果成功就是正確的。換句話說，就是循序漸進地推展事物，一面逐步改善，一面尋求最佳解決辦法的思考法。

諾頓的哲學，可說是將這種思考法應用在環境問題的討論上。為了跨越環境問題所伴隨的二元對立，諾頓運用實用主義來摸索解決辦法。以往的討論總是圍繞著科學知識的完整性不斷對立，這樣是解決不了問題的，所以他建議擬定政策時不如忽略這個部分。

的確，如果圍繞著科學證明展開討論，往往會像神學爭論一樣陷入泥沼。因此諾頓主張，即使**面對不完整的科學知識也必須做出決定才行**。而且，要盡量以保護生物種為目標。

那麼在這種情況下，我們對生物的保護能夠做到什麼程度呢？關於這點諾頓表示，只要保護的成本在容許範圍內就非保護不可。可算是非常實際的解決辦法，畢竟只要在預算範圍內提供保護就行了。

超越二元對立

不過，必須注意的是，如果這時只以預算作為基準，就會偏向以經濟為中心的效益主義立場。對於這個問題，諾頓提出了**「兩段法」**。

簡單來說，就是分成兩個階段來處理問題。具體做法就是先將問題分門別類，整理歸納對象領域，接著指定各個問題領域要應用的決策原則。如此一來，就能根據問題的規模提出因應辦法。

大自然可依照個體層級、物種層級、生態系層級等各種規模來敘述。根據這些規模，判斷重視經濟觀點的程度是很重要的。

舉例來說，如果要處理生物多樣性保護的問題，就該著重大型景觀層級的生態系健全性更勝於物種層級。此外諾頓也強調，這種時候的決策，不能只由政策決定者來決定，應該透過與科學家及公民等第三者之間的社會互動來進行。

環境問題絕對無法靠單純的二元對立來解決。要解決問題，不可缺少實際的觀點，以及謹慎地細分問題，最重要的是還要有各種利害關係者的參與。我們也必須時時謹記這一點。

006 資本主義

過度發展的資本主義問題點

資本主義堪稱是全球化社會的大前提，不過現在卻出現了幾個大問題。本節就從中挑出比較重要的兩個問題來討論。

一個是過度發展的資本主義所引發的道德問題，另一個則是富人與窮人的差距，也就是貧富差距問題。

我們先從道德問題看起吧！資本主義是贊成透過競爭自由賺錢的思想。因此，只要仍採用這種想法，競爭就會越演越烈，更會催生出不擇手段，盡可能獲取金錢的機制。

想賺到錢，需求與供給當然得吻合才行，但這個世上存在著形形色色的人，以及處於各種狀況的人，只要配對成功，要創造多少新服務都不是問題。

舉例來說，有人不惜犧牲健康也要獲得金錢，也有人願意花大錢享受特殊服務。不過，這種交易難道沒有底線嗎？

難道只要供需吻合，我們就可以從事任何交易嗎？哈佛大學教授邁可・桑德爾（Michael J. Sandel），在著作《錢買不到的東西》（What Money Can't Buy）中針對這點提出疑問。

他是社群主義（communitarianism）的代表論者。社群主義是重視共同體的共同善之思想，因此桑德爾對過度發展的資本主義所提出的疑問，包含了保護共同體的共同善之觀點，各位只要這麼想就不難理解了。

市場交易存在道德嗎？

該書舉出的例子當中，最令人震驚的就是賭死亡機率的「死亡債券（death bond）」這項金融商品。這種金融商品，是由第三者幫投保人支付保險費，等投保人死後，支付者就能領到死亡給付。

桑德爾認為，之所以會出現死亡債券這種金融商品，是因為「任何東西都能用錢買到」這樣的市場價值觀，已經滲透到人類生活的各個層面。他主張若要改變這個現況，就得從以下兩個觀點重新提出質問。

第一個觀點是**「公平」**，也就是針對反映在市場選擇上的不公平提出質問。以死亡債券這個例子來說，窮人有可能並非主動選擇出售領取保險金的權利。

第二個觀點是**「腐化」**，也就是針對因市場關係，而遭到破壞或消除的態度與規範提出質問。例如死亡債券的市場，是否助長了把人當物品看待的風氣。

只要以公平與腐化這兩個觀點重新檢視市場交易，就能發現市場的道德底線，也就是不該用錢去買的東西。以這兩種觀點來看，死亡債券應該超出底線了吧？

不過，即使透過這種方式設下道德底線，依舊會出現再多的錢都賺得到的人，以及辦不到這種事的人。這個世界本來就存在貧富差距，可是現在這個差距卻有逐漸擴大的趨勢。我們應該如何看待富人與窮人之間的差距呢？

用來縮小差距的利他主義

關於這個問題，從前有馬克思提出社會主義思想，現代則有托瑪・皮凱提（Thomas Piketty）在《二十一世紀資本論》（Le Capital au XXIe siècle）中提出類似的構想，也就是藉由課稅達到財產平均化。

不過，在以資本主義為前提的情況下，這些構想都很難實現。這是因為資本主義原本就是藉由製造差距來獲得利益的思想。換句話說，平均化這個構想與資本主義是矛盾的。

那麼，在資本主義這個前提下，究竟還有什麼樣的解決辦法呢？這時我們可以參考，出身於澳洲的哲學家彼得・辛格（Peter Singer）所提出的「有效利他主義（effective altruism）」。

根據辛格在著作《行最大的善》（The Most Good You Can Do）中的說明，有效利他主義是一種「我們必須盡己所能，去做『最大、最多的好事』」之思想。

舉例來說，辛格在書中提出這樣的問題：如果要幫助他人，就必須採取成效最大的方法。那麼，成為慈善團體的工作人員，以及進入好公司努力賺錢，再捐出一部分收入，這兩種做法哪個比較好呢？若要幫助他人，一般都會覺得只要在NGO之類的慈善團體裡工作就好，但以有效利他主義的觀點來看，這並非正確的選擇。

因為，賺很多錢再捐很多錢的效果更好。假如大家都出於這個想法而開始捐款，不就能在資本主義這個前提之下縮小貧富差距嗎？

辛格多半也不覺得資本主義沒有任何問題，但他認為與其讓窮人變得更窮，還不如採用富人能夠伸出援手的系統。況且，就算資本主義不好，目前也沒有其他的替代手段。

共享經濟的出現

不過，現在有一股潮流很值得關注，那就是有可能成為資本主義替代手段的共享經濟。即使辛格斬釘截鐵表示沒有替代手段，但社會評論家傑瑞米・里夫金（Jeremy Rifkin），在《物聯網革命》（The Zero Marginal Cost Society）中，對共享經濟寄予很高的期待。

里夫金認為，ＩＴ所帶來的**共享經濟（sharing economy），能夠成為資本主義的後繼者**。這是繼十九世紀初期資本主義與社會主義出現之後，首個誕生於這個世上的新經濟體制。

的確，堪稱共享經濟先驅者的Uber與Airbnb，全都成為持續獲利的龐大企業。而且不只這些企業獲得好處，一般人同樣可以運用這個機制提供服務來賺錢，而消費者也能以合理價格享受更好的服務。

過去認為非資本主義就等於社會主義，但共享經濟與社會主義提出的經濟體制，顯然有相當大的差異。

《WIRED》雜誌創辦人凱文・凱利（Kevin Kelly）很愛用「數位社會主義」這個詞。不過，凱利在著作《必然》（The Inevitable）中強調，這跟所謂的社會主義是截然不同的概念。

共享經濟是跳脫國家的框架，在全球化社會中發生的現象。而且這是以不受任何人管制的個人為單位、極端的分散型經濟體系。所以共享經濟不可能會是社會主義，共享經濟不同於資本主義，是以「共享」這個社會主義元素為核心，但又回避社會主義所不可或缺的中央集權化。說它是全新的第三經濟體系應該也不為過。

共享經濟是否真能成為資本主義的後繼者，就要看我們有多積極地面對這股潮流了。

007
全球主義與民族主義

全球化的五大課題

一般而言，全球化是指人、物、金錢、資訊跨越國境自由往來。堪稱全球化領域第一權威的英國政治學家大衛・赫爾德（David Held），將全球化定義為**「社會互動的跨洲際流動與模式，其規模的擴大、範圍的增加，以及影響力的深入」**。

意思就是，人們與相距遙遠的社群連結起來，橫跨全球各個區域與各大洲拓展關係，而規模也發生變化乃至變革。自一九九〇年代以後，這種現象就隨著資訊革命的影響一口氣擴大。赫爾德指出，全球化存在著五大課題。

①形成跨領域的重疊型權力網絡，對主權國家原則造成的壓力與緊張日益升高。

雖然主權國家現在仍是各自實行統治，但國家的獨立性受到威脅，例如貿易合作組織可向國家施加壓力。

②在這種狀況下，會發生誰該對誰負起說明責任的問題。舉例來說，軍事聯盟中的某個盟國限制其他盟國國民的某項權利時，就會發生究竟哪一國要負起說明責任的問題。

③發生有關管轄權的問題、政治參與的問題，以及公共財的搭便車問題。管轄權的問題是指管轄權屬於國際機構還是國家；政治參與的問題是指雖然NGO之類的組織以行動者身分實際參與政治，卻不具有發言權這類情況。公共財的搭便車問題則是指由於沒有跨國取締機構，因此像侵害著作權之類的行為，若發生在國外就沒輒了。

④對貧富差距置之不理，或是漠不關心的問題。儘管世界存在著非常大的貧富差距，特權階級依舊對此漠不關心。

⑤政治身分認同的全球化遭到忽視的問題。即便實際上進行統治的是由數個國家組成的聯盟或國際機構，但每個人依舊具備「民族國家的人民」這個政治身分認同，於是就產生了落差。更有甚者，這個落差還會招致偏狹的民族主義。

今後的國家理想狀態

因為上述這些問題，全球化有可能變成潛在且不穩定的轉變，並且造成激烈的反作用。所以赫爾德**雖然肯定全球化，卻也重視民族國家的作用**。

他認為民族國家的主權，並非以無限的、不可分的、排他的公權力形態，具體顯現在個別國家，而是埋在軍事聯盟或國際機構這種多國聯合型的權力中樞，以及自由貿易協定或經濟合作暨發展組織等重疊型經濟領域所形成的系統中。

如今權力是透過全球市場的各種複合關係間接行使的。在這種情況下，可以藉由建構民主責任性與全球的治理系統，使各種全球制度變得民主，此外民族國家在政策執行上同樣能發揮重要作用。赫爾德將這種新的政治形態，稱為世界主義民主

（cosmopolitan democracy）。

全球城市的崛起

社會學家薩斯基雅・薩森（Saskia Sassen），則是著眼於全球的大都市分析全球化。她在著作《全球城市》（The Global City）中提出同名概念，「全球城市」不只是跨境資本與跨境勞動力直接交會之地，更是全球經濟資本最主要的累積之地。

這個地方**取代一部分的國家權力，進行掌控世界的決策**。舉例來說，紐約、倫敦與東京這三座城市，不僅是多國籍企業總部的聚集地，也進駐許多向大企業提供金融、法律、會計、經營管理等高階專業服務的企業，掌控、管理著全世界的經濟活動。

不過另一方面，許多移工領著低薪從事非正式的經濟活動，以支撐前述這種正式的經濟活動。於是，全球性的貧富差距逐漸擴大。

薩森的分析，可說是凸顯出全球化的矛盾性質。至少目前為止，我們的經濟活動都是建立在這種矛盾上。

全球化疲勞的盡頭

法國思想家伊曼紐爾・托德（Emmanuel Todd），主張全球化的經濟活動已開始走下坡。他在《全球主義之後》（グローバリズム以後）中，談論經濟層面的全球化之衰退。借他的話來說，現在發生了「全球化疲勞（globalization fatigue）」的現象。

以美國為例，民眾對自由貿易的不滿將川普推上總統大位，政府也轉而採取保護主義。托德認為，採取以民族國家為中心互相交涉，大家都有著共同目標的形式反而比較好。此外，民族國家並非只會針對自己國內提出解決辦法。

如同托德的預測，實際上世界似乎正逐漸進入全球主義之後的階段。目前算是以民族主義的形式呈現。說得具體一點，就是採取針對移民的排外主義或貿易上的保護主義等等。

沒錯，民族主義的問題就在於排外性。民族主義原本的目標，就是建立由語言與文化同質之民族所構成的國家。這正是英國社會學家安東尼・史密斯（Anthony D.

Smith），在《國族的族群起源》（The Ethnic Origins of Nations）中談論的議題。

史密斯提出「族群象徵論（ethno-symbolism）」之觀點，認為民族主義必定有族群起源。以這個觀點來看，國族（nation）的創造是週期性地更新，並且不斷地重新詮釋與重新發現、重新構成。因此，遭全球主義侵蝕、吃乾抹淨的民族國家，現在才會又由族群進行重新詮釋。

新國族的探索

不過，民族主義未必只會誕生自負面要求。其實也有政治思想是為了更積極地保護文化與傳統，而強調民族國家的重要性。那就是名為自由民族主義的新潮流。這是於一九九〇年代登場、算是比較新的理論，由《民族責任與全球正義》（National Responsibility and Global Justice）的作者——英國政治學家大衛・米勒（David Miller），以及《白話政治》（Politics in the Vernacular）的作者——加拿大政治學家威爾・基姆利卡（Will Kymlicka）等人所提倡。

他們把焦點放在自由主義的民主上，認為若要實現自由主義的民主，就不可缺少穩定的國族。因此他們贊成透過政治參與，將民族元素反映在語言政策或文化政策上。

此前的自由主義，因為追求普遍性，所以認為文化方面的事物應該保持中立。然而這樣一來，就**無法回應近年高張的、基於文化或傳統的政治權利要求**。自由民族主義（liberal nationalism）可說是因應這種新時代潮流的理論吧。

008 宗教對立

九一一之後的世界

近代以前，西方社會幾乎都籠罩在基督教的影響之下。但隨著近代化的進展，西方社會彷彿解除了魔法一般，宗教的影響力開始式微。社會學家馬克斯・韋伯（Max Weber）以「祛魅（disenchantment）」一詞來形容這種現象。

實際上，西方社會一度像是朝著世俗化的方向發展。可是，現在卻出現完全相反的現象。在全球化持續進展的二十一世紀，宗教再度恢復勢力，發生堪稱為「復魅（re-enchantment）」的情況。才剛進入二十一世紀，美國就於二〇〇一年九月十一日同時發生多起恐怖攻擊事件，彷彿象徵了這種復魅時代的陰暗面。

不過，雖然稱為復魅，卻不是單純回到近代以前的狀況。歐洲的基督教徒減少了，伊斯蘭教徒反而變多了。基督宗教則轉移重心，目前在非洲等地大行其道。

社會不穩定，人們的不安當然也會擴大。在這種情況下，依賴宗教的人變多是必然的結果。**問題是，隨之而來的宗教對立也逐漸升溫**。這種情況該怎麼處理呢？關於這個問題，德國社會學家烏爾利希·貝克（Ulrich Beck）在《自己的上帝》（Der eigene Gott）中，提出宗教的世界公民化。

他主張，就像世界上的每個人，無論隸屬哪個國家，都具有「世界公民」這個身分認同。在宗教方面，同樣只要擁有自己的神就行了。這樣一來，團體之間的對立就會消失。貝克認為這項見解若要成立，先決條件就是世界公民化與個人化。

「神的個人化」之選項

如今世界的界線變得模糊不清，個人的身分認同不見得一定得被國家綁住。既然如此，選擇的宗教也能夠個人化才對。這裡需要注意的是，貝克很細心地避免使用全球化這個字眼，而是用世界公民化一詞來表現。

貝克表示，全球化是在某個地方的外側發生的現象，世界公民化則是在自己內側發生的現象。事實上，作為政治思想的全球主義，給人從外側強加進來的印象，世界主義則給人從內側變化的印象。所以貝克提倡，**在宗教方面，人也要主動選擇自己的神**。

之所以會發生紛爭，就是因為逼人做出選擇。宗教一旦形成團體，就不會承認其他團體的存在。不僅過去的歷史如此，現在也同樣正在上演這種對立。所以只要把神個人化就好了。

從道理來看確實是這樣沒錯，但問題是該如何實現。要已屬於特定宗教團體的人接受這種想法，並且自行做出選擇不是件簡單的事。另外，又該由誰去勸導未來要加入某個宗教的人選擇自己的神呢？

靠對話克服宗教對立

貝克認為，世界公民化帶來的個人化能夠自動實現這個構想，然而現實情況卻恰好相反，人們反倒因個人化而透過宗教串聯起來。因此，我們必須以宗教團體的存在為前提，摸索出更實際的解決辦法。

關於這個問題，德國哲學家尤爾根・哈伯瑪斯（110頁）近期提出的見解可供我們做個參考。哈伯瑪斯在收錄於《公共領域中的宗教力量》（The Power of Religion in the Public Sphere）的〈政治性〉（"THE POLITICAL"）這篇論文中，主張宗教公民與非宗教公民必須逐步地互相妥協才行。

具體來說，哈伯瑪斯提出的辦法就是：藉由理性的公共使用，活化多元主義型公民社會的審議政治。要讓雙方互相妥協，就必須站在同一個舞臺上討論，而且要以開放的態度，進行也有可能改變自身想法的審議。若要實現這一點，哈伯瑪斯建議，應接受將宗教語言翻譯成世俗語言。這樣一來，才能達成以下的開明目標。

也就是以「宗教共同體是民主共同體的一員」為前提，對他們的教義致上最大的敬意，同時也要規定公共領域的發言規則。這即是在確定民主社會的基礎——使用大家都懂的語言。

之前哈伯瑪斯為了促進公共領域的開放式對話，而強調溝通理性的必要性。當時他就已經主張，應該以大家都懂的語言進行對話。因此，哈伯瑪斯在這裡提出的見解，其實就是將溝通理性應用在宗教對立上。

如何與宗教打交道？

不過，討論這種宗教問題時，要顧慮的部分不同於一般公共領域的審議。因為，對立的根源在於根深蒂固的價值觀差異。因此哈伯瑪斯主張，宗教公民與世俗公民，雙方必須進行互補性的學習。

尤其宗教公民必須達成以下三項要求：①以合理的方式跟競爭宗教打交道；②將有關世俗知識的決策交給制度化的科學；③使人權道德的平等主義前提與宗教信條兼容並存。

合理地瞭解其他宗教，以及把科學當作標準，並且考量人權。對已習慣近代理性主義的我們而言，或許會覺得是很理所當然的事。不過有這種感覺，其實就已算是相當大的落差。因為從某些角度來看，這也可以算是非常嚴苛的條件。對某些特定宗教而言，達成這個條件甚至有可能違反教義。

但是別忘了，**這些都是只在進行公共領域的審議時才要達成的條件**。完全沒有要否定於私人領域過著自由的宗教生活這件事。

不消說，進行審議時，世俗公民這邊也必須做到同樣的妥協。這意謂他們必須注意到自己具備的道德倫理，原本也是來自於宗教這一點。千萬別忘了，目前在西方社會已成為常識的事物，原本也是在漫長的基督宗教歷史中孕育出來的東西。只要意識到這點，態度應該就能變得更寬容才對。

任何對立都一樣，要消弭對立就只能互相妥協。在日本說到宗教對立，往往會覺得事不關己，但既然大家都是全球化社會的一分子，就不可避免會成為當事者。因此，我們也要謹記這項事實：自己同樣被要求做到這種妥協。

若要信仰不同的宗教，但又同是民主社會一員的人們和平共存，哈伯瑪斯提出的策略或許是最有效的辦法。因為，要減輕情感上的對立，原則上只能靠自己讓步。一旦說出「是對方不好」這句話，紛爭就會立刻陷入難以收拾的局面。

如何擴展同理心與想像力？

就這層意義來說，我們該具備的是同理心與想像力這類想要理解他人的情感。美國哲學家康乃爾・韋斯特（Cornel West），就在前述的《公共領域中的宗教力量》主張這一點。

他在〈先知宗教與資本主義文明的未來〉（Prophetic Religion and the Future of Capitalist Civilization）這篇論文中，以音樂作為比喻說明自己的主張。韋斯特本身也是一位非常熱愛音樂的藍調人，還出過饒舌專輯，此外也演過電影《駭客任務》，可說是一位多才多藝的哲學家。我在普林斯頓大學任職時也有幸與他交談過幾次，他說起話來就像唱歌一樣，非常有節奏感。

韋斯特認為，無神論者也必須是宗教的與音樂的，不可以當個「音痴」。同樣的，宗教人也必須是世俗的與音樂的。

這意謂著要運用同理心與想像力，進入他人的世界理解對方。尤其他還一語道破，像兒童貧困與受虐者的生活這類悲慘的全球問題，如果不去傾聽能掌握到實情的聲音，就不可能進行公共討論。

擴展同理心與想像力，做起來沒有說的那麼簡單。如果在公共場合提起這種問題，也有可能遭受非難。在某些情況下甚至還有遭到攻擊的危險性。所以韋斯特才說，展開行動需要某種德性。

那就是勇氣。**勇氣能夠解放同理心與想像力，打破艱困的僵局。**無論遭受何種非難或是遭到逮捕，韋斯特依舊不以為意繼續發聲，所以他的見解十分有說服力。

009

恐怖主義

新型態戰爭的開端

時常在戰地採訪的英國記者傑森・柏克（Jason Burke），在《二十一世紀的伊斯蘭激進派》（The New Threat From Islamic Militancy）這本書中，揭露本世紀主要起自伊斯蘭激進派的恐怖活動與恐怖主義（terrorism），到底有多麼興盛、有多麼深入世界。

光是巴基斯坦就有三十三個武裝組織，敘利亞更擁有幾百個稱為旅的民兵組織。而且不光是現實世界，據說就連網路上也存在著虛擬武裝組織。

更令人吃驚的是，認為發起恐怖活動很酷的吉哈德文化，竟然已滲透到年輕人之間。這個世界究竟為什麼會病成這樣？

二十世紀是戰爭世紀。經歷兩次大戰並付出龐大犧牲後，人類看似終於獲得了和平，然而到了二十一世紀，我們又不得不對抗名為恐怖主義的新敵人。

為什麼現在會興起恐怖活動呢？另外，恐怖活動究竟是什麼呢？我們先從恐怖活動的本質看起。

恐怖活動（terror）一詞的起源，可以追溯至法國大革命時期雅各賓黨（Jacobin Club）的恐怖統治。法語「terreur」即是恐怖的意思。也就是說，恐怖活動一詞本來就帶有「犯罪行為」這個印象。不過，恐怖活動的定義沒那麼簡單。

這是因為恐怖活動是經過某種價值判斷後所得的結論，假如**運用在政治上，有時甚至會被視為正當行為**，而非恐怖活動。事實上，發起恐怖活動的伊斯蘭激進派，便認為自己從事的是維護教義的正當行為。所以有些人才能毫不猶豫地高喊「真主至大」，然後發動自殺式攻擊。

這即是難以定義恐怖活動的原因之一。不過至少可以肯定的是，恐怖活動是帶有政治目的、物質上與精神上的非法暴力行為。

恐怖主義為什麼會產生？

那麼，到底為什麼會產生恐怖主義呢？加拿大政治學家喬納森・巴格（Jonathan Barker），在著作《恐怖主義的邏輯與實態》（The No-Nonsense Guide to Terrorism）中提出了三種看法。

第一種看法是「近代化的失敗」。簡單來說就是近代化失敗的國家淪為恐怖主義的溫床。但是，這無法解釋近代化國家為何也會發生恐怖活動。

第二種看法是「文明的衝突」。這個看法源自美國國際政治學家塞繆爾・杭廷頓（Samuel P. Huntington）提出的同名概念，認為文化差異引發的摩擦是造成恐怖活動的原因。不過這同樣忽略了爭奪資源、對抗權力腐化等其他因素。

第三種看法則是「第一次恐怖活動與第二次恐怖活動」。巴格將歐美的殖民統治稱為第一次恐怖活動，至於第二次恐怖活動，則是對前者帶來的痛苦與舞弊所做出的自暴自棄反應。但是，並非所有遭受過殖民的國家都擁有恐怖政權。

總而言之，恐怖主義並無絕對的起因，而是以前述三點的某一點為主要因素，或是綜合其中幾點，再加上各種因素之影響所引發的。至少可以肯定的是，就算原因真是上述的某一點，這些**都不是能夠容許恐怖主義蔓延的因素**。

恐怖主義是無法容許的惡

關於這點，支持符合正義戰爭論中特定條件之戰爭的美國政治哲學家麥可・沃澤（Michael Walzer），也嚴厲譴責恐怖活動這項手段。他將恐怖活動視為無法容許的惡。這點從他反對以下四個恐怖主義的擋箭牌就可看出。

這四個擋箭牌分別是：①恐怖活動是最後手段；②這是弱者對付強大國家的唯一武器；③這是有效達成目的的手段；④包括恐怖分子面對的敵人在內，任何人都可以發起恐怖活動。

沃澤批評這些擋箭牌，並指出恐怖活動並非恐怖分子為了獲得人民的支持，或是解放人民而發起，實際上只不過是部分精英鬥士獨斷專行的運動。換句話說，**這跟強**

行鎮壓或專制體制沒兩樣。

撇開針對國內政治反對派的國家恐怖主義，以及針對戰爭期間敵對政府人民的恐怖主義不談，沃澤對一般的恐怖活動做出以下的定義：「恐怖主義是指為使大眾感到恐懼、藉此影響政治領導者，而刻意濫殺無辜民眾的行為」。

伊斯蘭基本教義派人士發起的活動，可以說就是定義所指的濫殺無辜。不過，這裡要注意的是伊斯蘭教義從未鼓勵信徒發起恐怖活動。「吉哈德（Jihad）」之概念雖然常翻譯成「聖戰」，讓人聯想到自殺式恐怖攻擊，但這其實是錯誤的。這個詞原本的意思只是「盡己所能」而已。

來自社會的孤立成了恐怖主義的溫床

為什麼「吉哈德」會淪為恐怖活動呢？關於這個問題，我們可以參考堪稱恐怖主義背景分析權威的法國社會學家——法拉德・柯斯洛卡瓦爾（Farhad Khosrokhavar）之著作《世界為何激進化？》（Radicalisation）。

柯斯洛卡瓦爾在書中揭露，調查法國的監獄後發現，年輕犯罪者會在那裡受到激進派的影響，最後變成恐怖分子。此外也指出，他們遭到社會的疏離，生活在郊區（banlieue），於是在這裡成群結黨。

不消說，他們並非一開始就具有激進思想。而是**在人生中的某個階段，被驅趕到不得不擁有這種思想的環境裡**。這種情況不只發生在法國，許多國家都看得到這種情形。年輕的穆斯林遭到社會排擠，犯了罪後在監獄接觸到激進派思想，於是發誓要報復社會。

既然如此，消除恐怖主義的辦法或許出乎意料的簡單。那便是接納、支援他們。可就是因為辦不到，所以才會為恐怖主義所擾。很遺憾，法國採取的是完全相反的做法。在法國，學校等公家機關的職員，必須遵守世俗性（laïcité）原則，貫徹政教分離與世俗主義。法國本來便是重視平等的國家，因此才有這樣的原則。

然而現在，這卻成了實質上排擠伊斯蘭教的原則，例如禁止穆斯林在公共場合配戴頭巾。柯斯洛卡瓦爾稱這為「世俗基要主義（secular fundamentalism）」並且予以譴責。

據說中東的伊斯蘭國遭到掃蕩後，許多原本隸屬該組織的士兵紛紛回到了歐洲。

這樣下去歐洲會變得越來越危險。對於這個問題，身為全球化社會的一員，而且與歐洲關係匪淺的日本，想必也很難置身事外。

010 民粹主義

川普總統的誕生

這個世界存在著民主主義嗎？為什麼遭受眾多人批評的人物會成為領導者呢？這種現象目前正在世界各地上演。本節就先以具代表性的美國為例，討論這個現象。

自從唐納・川普（Donald Trump）宣布參選美國總統，而且出乎眾人意料聲勢持續上漲後，**「反智主義（anti-intellectualism）」**一詞也隨之廣為人知。原因在於，川普一直以來都在批評知性主義（intellectualism）。他就是靠著批判屬於既成勢力的權威與建制派，擴大民眾的支持。

說得具體一點，川普此舉是在攻擊民主黨總統候選人希拉蕊・柯林頓（Hillary Clinton）。因為希拉蕊在丈夫擔任總統的期間參與政治，之後又成為國務卿支持歐巴馬政權，儼然就是所謂的建制派。此外她還具有知性背景，簡直可說是知性主義的象徵。

要攻擊這樣的候選人，就得否定知性主義本身。那麼，反智主義的定義究竟是什麼呢？這原本是美國政治歷史學家理察・霍夫士達特（Richard Hofstadter），在《美國的反智傳統》（Anti-Intellectualism in American Life）中介紹的概念，指對知性權威與精英主義抱持批判態度。

不過要注意的是，反智主義未必就是反對知性。關於這點，森本安里在《反智主義》（反知性主義）中做出以下說明：反智主義這個名稱經常遭到誤解，其實**反智主義並非全盤否定知性，只是單純否定知性與權威的連結**。因此，反智主義本來的宗旨，反而是追求對抗知性的知性。

源於自以為是的民粹主義

問題是，這種對抗知性的知性往往淪為自以為是。只要看看川普的例子就不難理解了吧。他畢業於名校賓州大學華頓商學院，本來應該是具備知性的精英才對。

但是，他的知性只能用自以為是來形容。舉例來說，為了防堵非法移民而打算在美墨邊境建設高牆的構想即使再合理，其言行依舊讓人覺得自以為是。

若要瞭解這種自以為是，就得追溯反智主義誕生在美國的原因。眾所周知，美國原本是受到英國殖民統治的清教徒之國。而清教主義（puritanism）就是極端的知性主義。

正因如此，之後才會興起反抗清教主義、堪稱激進平等主義的信仰復興運動（revivalism），反智主義也就隨之誕生。換句話說，反智主義與信仰復興運動有很深的關係。森本分析，反智主義就是以這種信仰部分為養分，向下扎根奠定基礎。此外，信仰不是思考，而是相信主義主張，自以為是便由此而生。

也就是說，**反智主義既是從根本上支持美國民主主義的優勢，也是創造出自以為是的政治之不安因素。**這樣看來，確實會讓人覺得反智主義象徵美國這個國家的正反兩面。換句話說，反智主義是一把雙面刃。至於民粹主義，便是僅表現出這把雙面刃壞的那一面。

失能的民主主義

民粹主義（populism）又譯為大眾迎合主義，如同字面上的意思，這是一種「政治要迎合大眾」的態度。

不過，實際上政治家並不是直接詢問民眾的意見，反而是運用能引起民眾共鳴的辭令，實現政治家本身希望的改革，可說是一種魅力型政治。

當民眾產生不滿時，就會出現好似要為民喉舌的民粹主義政治家。因此，民粹主義被視為民主主義失能時的警告。而且現在，名為民粹主義的幽靈正在世界各地徘徊。

那麼，為什麼民眾的不滿會以民粹主義之形式表現出來呢？這個問題得從民粹主義的本質看起。出身於德國的政治思想家揚－威爾納・穆勒（Jan-Werner Müller）在《解讀民粹主義》（What Is Populism?）中，對民粹主義做出以下定義。

民粹主義是一種類似反精英主義的思想，人們抱持某種特別的政治道德想像，並拿它來跟精英政治比較、對抗。所以，民粹主義者會提出符合這種需求、讓人有好感的故事。讓人以為單一的共同利益是存在的。

這樣一來，**人們就沒必要參與政治**了吧。此外，要固守這個共同利益，只要有厲害的領導者就夠了。民粹主義的問題就出在這裡。畢竟民粹主義者本來就是代替人民表達某項主張，所以民眾才會允許他們抱持「打擊精英就交給我」這種自以為是的態度。

製造嚴重分裂的政治

不過，這裡必須注意的是，民粹主義與單純的反精英主義是不同的。除了前述的定義，穆勒還提出以下的主張。

不承認其他想法與道德的反多元主義，才是民粹主義的本質。一般認為，民粹主義的本質在於民眾的不滿情緒，排斥理性的判斷與理性的政治。但是，穆勒並不怎麼重視這一點，反而認為排斥多元主義才是問題。

就是因這個緣故，**故民粹主義者在取得政權後，依然會對國家帶來弊害**。例如，殖民或「占領」國家、大眾侍從主義（mass clientelism）、歧視性法律待遇

（discriminatory legalism）。這些都代表了排除多元性、堅守自己的立場之企圖。

這的確是非常大的問題，也會在國內製造出嚴重的分裂。因為這會把人民分成受惠者與被歧視者，而且兩者之間的鴻溝永遠都無法弭平。

我也非常贊同穆勒的反多元主義之見解，但個人實在不認為民粹主義的背景在於情緒的問題。我認為是魅力型政治家，為了提高自身主張的支持度，巧妙操作民眾的情緒。而他們所使用的手段就是反多元主義。所以基本上，除非消除人們的憤怒或不滿，否則這種現象有可能會永遠持續下去。

讓「哲學上身」的實踐指南

從「學習」到「應用」

Chapter

4

本章的運用方式

簡單來說，本章的目的就是指導各位如何做哲學。

我會先說明「做哲學」是什麼意思，接著解說做哲學需要學習什麼、如何學習，最後再傳授各位應用哲學的方法。

至於哲學書籍簡介與電影簡介，各位可以當成特別附錄輕鬆地閱讀。

那麼，我們趕快開始吧！

一起學會做哲學的方法吧！

什麼是「做哲學」？

我在教大一學生哲學時總是強調，要學習的不是哲學本身，而是「做哲學」這件事。原因在於，他們對哲學的第一印象就是「背科」。大概是因為高中的倫理課就是如此，他們才會覺得哲學也一樣。

但是，哲學與高中學的倫理是全然不同的科目。高中的倫理課是要普及知識，反觀哲學則是一門「懷疑的學問」。沒錯，這就是「做哲學」最初的意思。

換言之，若光想學習哲學，老師只要傳授知識讓學生知道就夠了。不過，如果是學習做哲學，這樣是行不通的。我在本書開頭也說過，哲學是探究事物本質的行為。所以，我們需要學習探究本質的步驟。

探究本質的方法分成四大步驟，分別是**懷疑**、**連結**、**整理**、**創造**。若還要補充的話，便是要在最後用語言表達思考的結果。

實踐四大步驟

首先，懷疑就是否定常識、感覺、成見。換言之就是刻意認為「這是不對的」。舉例來說：「什麼是電腦？」大部分的人應該會覺得是方便的工具吧。

不過，我們要刻意懷疑這個答案，就算有違自己的想法也不要緊。因為，不這麼做的話就看不到真正的樣貌。言歸正傳，假如我們否定這個答案，認為電腦不是方便的工具，結果究竟會怎麼樣呢？電腦應該會反過來變成不方便的工具。

電腦的功能與操作確實越來越複雜，在某個意義上也可說相當不方便。說不定對不太會用的人而言是麻煩的工具。啊，我們也該懷疑「工具」這個說法才對。如此想來，電腦非但不是工具，反而還是把人類當成工具的人類公敵。許多人的工作就是被電腦搶走的。

像這樣懷疑之後，接著是連結新資訊。這是由於原先對電腦抱持的印象遭到破壞，我們因此頓時失去了答案。所以我們要在這個階段，重新思考什麼是電腦。

電腦是計算機；是溝通工具；是自己的頭腦；是讓自己不必思考的工具；是搶走人類工作的東西；是改變時代的東西；是基礎設施；是一整天都有人使用導致失去時間觀念的東西……等等。

這裡礙於篇幅，只列出幾個例子，平常實踐時最好是盡可能舉出想得到的答案。接下來必須整理這些資訊。整理時，要把同樣的資訊歸類為一組，最後組合成一段文章。

於是我們可以說，電腦儘管方便，卻也是奪走人類的思考力與時間、具有負面性質的基礎設施。這個答案還要再進一步潤飾。這時，我們需要留意最後一步的創造。

相信看到這裡各位應該已經明白了，所謂的「做哲學」，就是**運用自己的知識、邏輯以及語言，重新建構事物意義之行為**。換句話說，就是創造意義。以這個例子來說，我們是在創造電腦的新意義。

於是結論就是，電腦是既便利又麻煩的基本設施，更進一步地說，電腦是存在矛盾的基本設施。這就是電腦的本質，而上述的過程就是做哲學。

加深思考的「奇怪問題」

在這段做哲學的過程當中，有件事對每個階段而言都很重要，那就是提出好問題。無論是要懷疑答案、連結新資訊、整理資訊，還是創造意義，都要提出「為什麼？」、「是什麼？」、「怎麼樣？」等問題。

不過，並不是任何問題都可以問。若要探究事物的本質，就必須提出奇怪的問題。如果問的是理所當然的內容，那麼就只能得出理所當然的回答。如果問「電腦很方便嗎？」，只會得到「對，很方便」或「不，不方便」這種水準的答案。

如果這時問**「電腦奪走了什麼東西？」**，你應該會感到困惑，接著進一步思考。最後便會得出人類的工作、頭腦或時間之類的答案。如果是更奇怪的問題，就會得出更奇怪的答案。例如：電腦正在談戀愛嗎？電腦真的是物質嗎？

再舉一個例子，我們來想一想「國家」吧！假如這時問「什麼是國家？」，頂多只會得出「某個主權統治領土與隸屬於這裡的人之狀態」這種水準的答案。雖然還是可以釐清國家的形式要素，但若要探究國家的真正樣貌，就必須提出更具體、更奇怪的問題。

如果是我就會問**「國家是誰？」**，或者**「國家很愛刁難人嗎？」**。由於國家不是人，就算問它是誰也很難回答，不過仔細想想會發現國家有統治者。於是，這個問題就能促使自己去思考，國家的統治者是政治家還是民眾。至於是否愛刁難人，這也是能夠思考國家與國民之關係的好問題。

只要像這樣從各種角度提出問題，就能看見該對象的各種側面。這個行為即是換個觀點觀察該對象。所以，盡可能具備數種觀點，就能發掘出之前隱藏起來的樣貌。

奠定「做哲學」的基礎 ①上學篇

不過，無論做任何事都要打好基礎才行，這點無庸贅言。而且有人指導的話，當然就更容易進入狀況。因此，我想在本節談談學習哲學的方法，好幫助各位學會做哲學。重點是，這個學習法並非只是單純吸收哲學的知識而已。

首先介紹的是，要在哪裡向誰學習，或是跟誰一起學哲學。

大學

很遺憾，在日本能夠學習哲學的地方並不多。如果問學過哲學的人「你在哪裡學習？」，百分之九十九都會回答「在大學」。總而言之，哲學在日本是特殊學科，除非大學的教養課程選修哲學，或是攻讀哲學系，否則一般是沒機會學習哲學的。

而且，如果是大學教養課程中的哲學課，絕大多數只會稍微談到哲學史，此外就如同我在前面提到的，老師並不會教導學生如何做哲學。

要不然就是聽老師以解釋文獻的方式，講授其專攻的哲學領域之基礎。這種授課方式更無聊，因此大部分的人都會討厭哲學。不過，當然不是所有的哲學課都那麼無趣，也是有老師會花心思設計授課方式。我就是其中一位努力讓自己的課變得有趣的老師。

我想建議上大學後才學習哲學的人，至少**先讀完一本入門書再去上課**。哲學這門學問，一旦瞭解背景就會變得很有意思。只要先大致掌握哲學史，應該就能更容易聽懂老師的授課內容。即使老師只講自己的專業領域，只要知道該領域的定位，一樣能感受到趣味。

事實上，高中時代上過「倫理」課的人，上哲學課時都能夠聽得津津有味。這些人無不異口同聲表示「終於聽懂了」。這是因為在高中的「倫理」課死命硬背的名言與人名，終於能夠有組織地擺進故事裡，使內容變得更具體，讓人能夠理解。

只要事先閱讀哲學史的入門書，無論是誰應該都會有這種感覺才對。之後我會再介紹該讀什麼樣的書。

不過，已經大學畢業的人該怎麼辦呢？最近有些大學的課開放一般民眾修習，或者也可以旁聽，所以就算不是大學生也能夠去上這類課程。另外，現在也有越來越多的大學經營以社會人士為對象的公開講座或推廣中心。學校官網應該都有刊登相關資訊，有需要的話也可以向附近的大學詢問。

除此之外，目前日本還多了回到大學再度學習的回流教育制度，各位也可以只選修哲學。如果就讀研究所就能學得更專業。大學沒學過哲學也不用擔心，只要想辦法將之前所學跟哲學連結起來就行了。其實我也是這樣。即便大學念的是法學院，不過民法的課跟黑格爾的法哲學有關，於是就讀研究所時，我便學習黑格爾的哲學。

文化中心

如果要在大學以外的地方學習哲學，首選就非文化中心莫屬。文化中心提供各種科目的講座，當中也有哲學講座。雖然不是每個地方都有，不過規模大一點的文化中心都會開設。我也舉辦過這類講座，當中有在NHK文化中心、朝日文化中心等大型文化中心開設的講座，也有在中國新聞文化中心這類地方文化中心開設的講座。

大型文化中心偶爾會邀請知名老師來上課，就這個意義來說，有時是比在大學學習還要寶貴的機會。畢竟能夠直接向平常沒機會接受指導的人物求教。聽講人數不多的話，還可以直接跟對方交談。

至於授課內容則**跟大學的課程不同，是針對一般人規劃安排的**，所以能夠從頭學起。當中也有以高階者為對象的講座，不過同樣不像是在教育學生，而是把上課民眾當作一般人，幫助他們提升教養水準。

儘管這類講座跟大學不同，上課次數並不多，但就算只有幾次機會，只要能幫助自己展開學習就行了。另外還有透過「哲學咖啡館」開辦的講座，我偶爾也會舉辦。

接下來就為大家詳細介紹哲學咖啡館。

哲學咖啡館之類的學習會

如今哲學咖啡館逐漸成了席捲全日本的潮流。只要上網搜尋，就會發現日本有許多這樣的活動。當中還有宛如全國連鎖的咖啡哲學（café-philo）團體。很幸運的，我的哲學咖啡館也辦出了名氣，而且不只在我居住的山口當地舉辦，只要有人邀請，全國各地都能看到我的哲學咖啡館。

話說回來，現正流行的哲學咖啡館，究竟是什麼樣的活動呢？用一句話來解釋，就是大家一起談論哲學的聚會。這正是一個專門「做哲學」的聚會，同時也是可跟陌生公民對話的公共領域。

更重要的是，這個聚會一點也不複雜嚴肅，反而能夠輕鬆愉快地參加。把哲學變成快樂有趣的學問，是哲學咖啡館在哲學史留下的偉大貢獻。

據說這項活動最早是在一九九二年，由馬克・索泰（Marc Sautet）在巴黎的咖啡館發起。法國原本就有在咖啡館討論事情的文化，可說是相當有法國味的活動。所以即使到了現在，哲學咖啡館**一般仍是喝著咖啡等飲料，在宛如咖啡館的氣氛下輕鬆地進行**。實際在咖啡館舉辦時自然不必說，在其他的社交空間舉辦時也是如此。

至於具體的進行方式，通常會有一名主持對話的促進者（facilitator），由這個人帶領大家進行討論。大多會**花一個小時到兩個小時的時間，深入探討一個主題**。畢竟是做哲學，深入思考很重要。大家一起思考，集思廣益。

活動都會設計成不太需要預習或具備預備知識就能參加，要不然就會變成嚴肅的學習會。建議各位一定要上網搜尋，親自參加看看。

如果覺得參加這種活動的難度太高，也可以只找朋友對話就好。總之就是把輕鬆閒聊的機會，變成哲學對話的機會。參加酒局時也可以進行這類談話。做法很簡單，只要提出有關哲學主題的問題就行了，最好是平常不會談論的話題。

如果談工作的事，往往沒辦法做哲學，而是開始尋找能立即見效的答案，或是一直在發牢騷。所以要選跟工作無關，可以的話最好是抽象的主題。例如什麼是自由、什麼是愛，如果是這種問題就一定得展開哲學對話。抽象度這麼高的話難度也會隨之增加，所以各位也可以從「什麼是工作」、「什麼是金錢」這類介於工作與純粹哲學主題之間的問題開始討論。

除此之外還有哲學教室之類的活動。這類活動大多是精讀（仔細地一字一句研究閱讀原文書或翻譯書）哲學經典名著的讀書會。就這點來說，前者的活動性質不同於以「做哲學」為主的哲學咖啡館。這類讀書會大多是目前在教哲學，或是以前教過哲學的大學老師主辦的，一樣只要上網搜尋，就能找到相關資訊。

奠定「做哲學」的基礎 ②自學篇

若要奠定做哲學的基礎，另一個不可或缺的辦法就是自學。哲學很適合自學，因為不需要實驗器具，也沒有場地限制。講得極端一點，只要有腦袋，任何人都可以馬上開始。因為只要動腦思考就好。

基本上，自學只要反覆進行**「閱讀書籍」**、**「動腦思考」**、**「用語言表達」**這三個步驟就行。閱讀書籍能獲得知識，或是產生疑問。接著，以疑問為題材或是開端展開思考。然後，試著用語言表達思考的內容。之後，就看你能多深入進行各個步驟。尤其是思考，只要增加深度就能更接近做哲學這項行為。

這裡就以看了幾頁的書這個情況為例。假設手邊有羅素的《幸福之路》，你看到開頭寫著「即使擁有健康與充足的食物，現代社會的人類依舊不幸福」。這時就試著思考「為什麼不幸福」。於是你想到，可能是因為還有其他的欲望，或是沒發現自己已獲得滿足之類的答案，接著用語言將想到的答案表達出來。總之只要一再重複這項作業即可。接下來就為大家具體介紹各個步驟。

閱讀書籍

想從基礎開始學習累積哲學實力的人，應該先閱讀書籍。先從哲學的入門書看起，再逐漸進步到閱讀專業書籍，假如最後能夠看懂經典名著，那就很完美了。

由於哲學的書籍也有好幾種類別，因此介紹哲學書的閱讀方式之前，我想先跟各位談談書籍的種類。哲學書籍大致分成三種，分別是**入門書**、**解說書**、**經典名著**。

入門書是內容寫得非常簡單、可學習哲學基礎的書，有些是淺顯易懂地介紹哲學史或哲學的所有概念，有些則是簡單介紹特定的哲學或哲學家。

最近還有看漫畫學哲學之類的入門書。雖然當中也有大學老師撰寫的書，但入門書不見得都是由專家執筆。因為補習班老師或職業作家，反而比大學老師更擅長寫出簡單易懂的內容。不過一般而言，身為專家的大學老師所撰寫的內容，比較能確保正確性。

接著是解說書。這是比入門書更詳細一點，程度也更高，針對特定哲學家或其著作、概念進行解說的書籍。這類書籍大多是請身為專家的大學老師執筆。解說書的範圍很廣，有簡單到跟入門書差不多的類型，也有難懂到稱得上專業書籍的類型，建議大家可以先從小本的新書系列（譯註：指書系名稱為○○新書的書籍，大小約為103×182mm，是日本特有的尺寸）讀起。

最後是經典名著。如同字面上的意思，經典名著就是歷史上的哲學家們所寫的名著。就像文學有文學名著一樣，哲學也有哲學名著。通常一位哲學家都有一部主要著作，各位可以先從主要著作看起。如果不想遭遇挫折，建議盡量從簡單的著作下手。不過，有別於入門書與解說書，閱讀經典名著是一件非常困難的事。畢竟經典名著跟入門書不同，哲學家在撰寫時，並非以讓人看得懂為第一優先。

以下就將哲學的經典名著稱為**「哲學書」**。閱讀哲學書，就某個意義而言既是哲學的入口也是出口。許多人都想要看懂哲學書。另外，透過哲學書進入哲學領域也是很自然的過程。不過，哲學書沒辦法很流暢地一口氣看下去，相當需要花腦力，而且有時還得進一步做哲學。所以才說閱讀這類書籍也是出口。接下來就為各位介紹閱讀這類哲學書的五種方式。

閱讀方式①精讀

第一種方式是精讀。精讀就是一面閱讀一面仔細地解釋內容。這是最基本也最困難的閱讀方式。無論讀何種書，閱讀時都必須仔細了解文章的意思，這點無庸贅言。可是，哲學書不是每個詞彙都很難懂，就是邏輯很複雜，有時還寫得像詩歌一樣，沒辦法輕鬆地看下去。儘管如此，還是得一段一段地看，全都理解之後再繼續往下讀。

即使是在大學的課堂上認真精讀，也有可能兩個小時才看完幾行而已。精讀的困難之處在於一段內容能有各種解釋，所以必須一邊推敲一邊往下讀。

不過，畢竟我們的目的並非只是要往下讀，所以不必著急。有些書就算要花一年以上的時間也不足為奇。因此，有時也可以視情況，選擇不看完整本書，只挑重要的部分精讀。除了書籍之外，也可以精讀論文或書信之類的資料。總之，重點就是要仔細理解內容。

若要採用精讀的方式，就一定要具備背景知識與專業知識。因此，這種時候需要有人引導，或是準備導覽書之類的入門書與解說書。建議各位可以利用在大學或文化中心上課的機會，假如有困難也可以搭配導覽書一起閱讀。如果是著名的哲學書，應該會有相關的講座或導覽書才對。等自己累積一定的實力後就可以再度挑戰。

閱讀方式②當成小說或詩歌來閱讀

第二種方式是，當成小說或詩歌來閱讀。這是一種著重於領略整本書，即使看不懂內容也無妨的閱讀方式。哲學書本來就大多採小說形式，或是羅列格言寫得像詩歌一樣。所以，體會書中氛圍也不能算是錯誤的閱讀方式。畢竟重要的是，你從書中感受到什麼、思考了什麼。

閱讀方式③只挑看得懂的部分通讀

不過，通常大家還是想要完全理解內容吧，要不然就無法獲得滿足感。如果是這種情況，建議各位可以只挑看得懂的部分閱讀。

如此一來不僅能靠自己流暢地讀下去，也能看得懂內容，繼而獲得滿足感。雖然沒辦法全部看懂，還是能知道個大概。而且，隔一段時間再重讀一遍，看得懂的部分應該會增加才對。

最重要的是能獲得滿足感，也會帶來自信。「看完一本哲學書」的自信，能夠激勵你拿起下一本書。

閱讀方式④當作思考訓練來閱讀

第四種方式是當作思考訓練來閱讀。哲學書很難懂是正常的，所以才要刻意看這種書來鍛鍊腦力。這種方式的好處是，就算只看其中一部分對自己仍然有益處。無論內容有多艱澀難懂，只要肯花時間思索就一定能搞懂。反覆進行這種訓練，就能培養出閱讀哲學書的能力。

實際上，這個做法跟精讀一樣，差別只在於有沒有人引導。不過，當作思考訓練來閱讀時，解釋是否吻合並不怎麼重要，所以一個人進行也沒問題。

另一個好處是，就算看不懂也用不著擔心，因為我們只是為了鍛鍊頭腦才讀這本書。

閱讀方式⑤當作藏寶圖來看

除了上述的方式外，還可以把哲學書當作藏寶圖來看。我在第一章也說過，哲學即是思考的探索。哲學書就像是前人留下的藏寶圖，我們只要照著這張藏寶圖前進，便能踏上前人走過的路。

抱著這種想法來閱讀，就能從中發現自己的思考範本。體驗前人所進行的思考，自己也能偷學到同樣的技術。如果是有關自由的哲學書，自己就能一邊思考自由這個主題，一邊體會前人的心情，走在他們的探險路線上。

假如有不懂的地方，當然也可以直接瀏覽過文字就好。畢竟那是他人的探險過程，有不懂的地方是正常的。總之勇往直前，然後努力獲得有助於自身探險的事物就可以了。

哲學書不同於其他書籍，只是幫助自己思考的工具，無論採用何種閱讀方式都一樣。思考才是重點，不能把閱讀哲學書當成目的。反過來說，閱讀哲學書就是這麼回事，所以只要輕鬆進行即可。

思考訓練

除此之外，我們也必須進行思考訓練才行。這可說是最重要的部分。進行思考訓練時，必須練習深入探究一件事情，任何事都可以。為了應付考試，我們通常都習慣盡快提出答案，所以很難按捺性子思考事情。

反觀哲學則講求仔細地持續思考。因此，我建議各位可以進行以下兩種訓練：**每天五分鐘的日常思考訓練，以及為期一個月的長期思考訓練。**五分鐘的訓練，就是每天找出五分鐘的空檔，試著針對某件事仔細地思考。

①五分鐘的訓練

五分鐘看似很短，其實很長。舉例來說，假設我們要思考什麼是時鐘。通常提出「計算時間的工具」這個答案就結束了。不過，哲學卻是從這裡開始。如同前述，我們要對自己提出奇怪的問題，好打破這個常識。例如「**其他的用途呢？**」，或是「**時間是誰計算的？**」等等。

要像這樣進一步深究，才能鍛鍊出有耐心地思考的能力。道理就跟反覆練習寫漢字或計算一樣。學會漢字與計算之前，同樣要經過好幾次的訓練，最後我們才會寫漢字與計算。

但是不知為何，人卻不會像這樣反覆練習思考，所以才不會動腦。不過，哲學的思考練習，不同於漢字與計算的練習，不能一直重複思考同一件事。反而必須充分運用五分鐘的時間，深入探究一個問題。兩者之間的差別就在於這點。

這樣使用頭腦五分鐘會相當累。這證明了之前我們都不曾像這個樣子使用頭腦。所以，希望大家要跟做肌肉訓練一樣，每天持續練習。

②一個月的訓練

除此之外，最好也要進行一個月內持續思考一件事的訓練。這是因為思考五分鐘，只能得出普通水準的答案。哲學家可是會花好幾年的時間去思考一個主題。儘管我們沒辦法做到那種程度，但只要持續思考一個月左右，還是能打造出哲學腦。

雖說是為期一個月的訓練，但我的意思不是要各位二十四小時都在想事情。**一開始先專心思考，之後只要每天突然想一下就夠了**。我們平常都會不自覺地思考才對，而且這個想法會突然浮上意識。

舉例來說，我都會花一個月的時間，持續思考哲學咖啡館每個月的主題。假如下次的主題是「憤怒」，就會一直思考什麼是憤怒。尤其是通勤時或休息時，我都會稍微想一下。於是，我的腦中便會留下這些想法，當我在職場看到別人生氣時，就能夠對照自己的想法再進一步深究。我平常就是過著這樣的生活。

其實這麼做是在醞釀思緒。如果持續專心思考，通常都會在這時陷入瓶頸，不過接下來才是勝負關鍵。科學家也可說是一樣的情況，他們會在陷入瓶頸之後醞釀思緒，等到獲得某個靈感時，就能一下子得出很棒的答案。阿基米德就是在洗澡時想到了點子，然後一絲不掛地衝到外面大喊：「Eureka！（我想到了！）」

用語言表達腦中的想法

此外，做哲學時，必須用語言表達思考的結果。即使腦中只有模糊的想法也必須表達出來。哲學是語言行為，因此必須把自己的所思所想化為語言才算完成。

想要精準地用語言表達自己腦中產生的想法，最好的辦法就是練習用語言表達任何事物。用繪畫來比喻的話，這就跟素描一樣，只要**練習用語言描寫看到的東西**就好，而且要盡可能忠實表現。

舉例來說，假設這裡有一支智慧型手機，我們要練習描述這個東西。例如：有個黑色的長方形物體躺在這裡；這是一個巴掌大、薄薄扁扁的物體；表面光滑會反光；側邊有插口與按鈕，感覺像是個精密機械……等等，就像這個樣子。

假如你很忙碌，沒辦法做到這種程度，**也可以在寫部落格或社群網站的文章時，試著刻意將自己的想法化為文字**。你可以試著用文字表達看完新聞後的感想。平常有沒有進行這種練習，會影響你將想法化為語言之能力進步的程度。

各位也許會在工作時寫文章，但就某個意義而言，那只不過是例行公事。我們要做的練習，是試著用語言表達平常不會寫出來或講出來的事物，這點相當重要。

哲學書籍&哲學電影簡介 其①

本節要介紹的是學習哲學時能夠運用的書籍與電影。各位可以將這個部分當成特別附錄，輕鬆地閱讀。

書籍介紹的是哲學的入門書與經典名著（初級、中級、高級），電影則挑選以哲學為主題的作品。兩者都有許多值得參考的作品，本節則嚴選我個人認為不錯、必讀必看的作品。

哲學的入門書

安德烈・康特－史波威爾《哲學就是這樣》（Présentations de la philosophie，紀伊國屋書店，二〇〇二年）

《哲學就是這樣》
André Comte-Sponville著，木田元等人翻譯（紀伊國屋書店，2002年）

這是法國當紅哲學家所寫的、隨筆風格的哲學入門書。該書共有十二章，從愛談到政治，能夠學到哲學的基礎。書如其名，這正是做哲學的範本。

克里斯托弗・菲利普斯《蘇格拉底咖啡館》（Socrates Café，光文社，二〇〇三年／臺灣由臺灣商務代理出版）

這是我要開辦「哲學咖啡館」時參考的書。作者根據自己主持哲學咖啡館的經驗寫成，不僅是最佳的指南書，也能夠瞭解做哲學是怎麼一回事。另外，書中出現許多各具特色的人物，當成故事來看也很有趣。

蓋爾哈特・央斯特《七天學會用哲學思考》（Denken wie ein Philosoph，早川書房，二〇一四年／臺灣由時報文化代理出版）

《蘇格拉底咖啡館》
Christopher Phillips著，森丘道翻譯（光文社，2003年）

《七天學會用哲學思考》
Gerhard Ernst著，岡本朋子翻譯（早川書房，2014年）

讀者與哲學家用七天的時間展開哲學對話。我們能夠透過兩者的對話學到哲學的基礎，瞭解做哲學是怎麼一回事。證據就是，日文文庫版書名直接叫做《哲學的基礎》。

鷲田清一《哲學的運用方法》（岩波書店，二〇一四年）

這是開創臨床哲學的先驅者所寫的、哲學的使用手冊。該書不只介紹個人如何運用哲學，還說明社會該如何應用這門學問。另外，這本書也是讓人思考哲學意義的「哲學書」。

貫成人《圖說・標準　哲學史》（新書館，二〇〇八年）

哲學的歷史與主要哲學家的思想全濃縮在這一本書裡。鮮少有單一作者撰寫的書，能夠網羅所有層面還寫得如此淺顯易懂。內文偶爾穿插圖片，讓人也可透過視覺瞭解概念。

《圖說・標準　哲學史》
貫成人著（新書館，2008年）

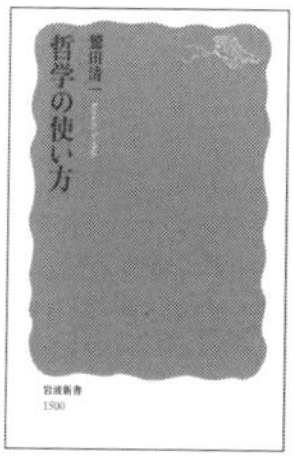

《哲學的運用方法》
鷲田清一著（岩波新書，2014年）

哲學的經典名著

木田元編《哲學關鍵字百科》（新書館，二〇〇四年）

比字典更詳細一點地解說哲學的基本用語。不只能夠認識哲學用語，還可以透過哲學用語學習哲學的歷史與哲學思維的基礎。

羅傑－坡爾．德洛瓦《生活中的哲學：一〇一種讓自己輕鬆愉快的方法》（101 expériences de philosophie quotidienne，Sony Magazines，二〇〇二年）

這本算是比較特別的入門書。書中提供眾多啟示，只要在日常生活中做點小嘗試，就能夠改變對事物的看法。讓人看了之後會想要立刻實踐。

《哲學關鍵字百科》
木田元編（新書館，2004年）

《生活中的哲學：101種讓自己輕鬆愉快的方法》
Roger-Pol Droit著，工藤妙子翻譯（Sony Magazines，2002年）

【初級】

柏拉圖《會飲篇》（Symposium）

以蘇格拉底為首的古希臘哲學家們，在宴會上從哲學角度討論愛這個主題。能夠透過他們的熱烈對話，窺知真正的哲學家是如何做哲學的。

布萊茲・帕斯卡《思想錄》（Pensées）

帕斯卡是以隨筆表現哲學的思想家（moraliste）代表人物。「人類是一根『會思考的蘆葦』」這句名言就是出自於這本書。書如其名，裡面充滿了思考題材。

伯特蘭・羅素《幸福之路》（The Conquest of Happiness）

三大幸福論之一，詳細記述如何獲得幸福的哲學隨筆。

《會飲篇》 Plato著，久保勉翻譯（岩波文庫）2008年，另有其他版本

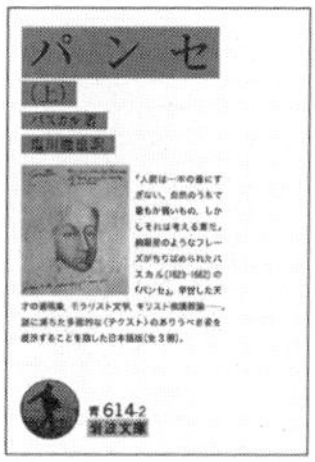

《思想錄》上・中・下 Blaise Pascal著，鹽川徹也翻譯（岩波文庫）2015年，另有其他版本

《幸福之路》 Bertrand Russell著，安藤貞雄翻譯（岩波文庫）1991年，另有其他版本

畢竟羅素原本研究的是數學，他的隨筆邏輯清晰又縝密。此外還富含一流的幽默與機智，從頭到尾都能讀得很愉快。

【中級】

勒內・笛卡兒《談談方法》（Discourse on the Method）

哲學史上的里程碑，談論如何做哲學的名著。提倡徹底的懷疑，暢談笛卡兒以「我思，故我在」聞名的基本思想。雖然感覺很嚴肅，不過書很薄，所以能勾起閱讀的興趣。

尚－雅克・盧梭《社會契約論》（Du contrat social）

盧梭的代表作品，亦是法國大革命的聖經。書中提出社會契約之概念，作為對抗君權神授說的理論。提倡以人民共通的普遍意志為基礎，採用直接民主制，內容既獨特又大

《社會契約論》
Jean-Jacques Rousseau著，桑原武夫／前川貞次郎翻譯（岩波文庫）1954年，另有其他版本

《談談方法》
René Descartes著，谷川多佳子翻譯（岩波文庫）1997年，另有其他版本

膽。

尚－保羅・沙特《存在主義是一種人道主義》（L'Existentialisme est un humanisme）

沙特的演講稿，淺顯易懂地解說他的存在主義。主張人類是隨時都在無數的自由中做抉擇，能夠自行創造人生的存在。畢竟是演講稿，使用的比喻也相當精彩，讀起來很輕鬆。

【高級】

弗里德里希・尼采《查拉圖斯特拉如是說》（Thus Spoke Zarathustra）

當紅炸子雞尼采的代表作品。由於這是一則故事，因此

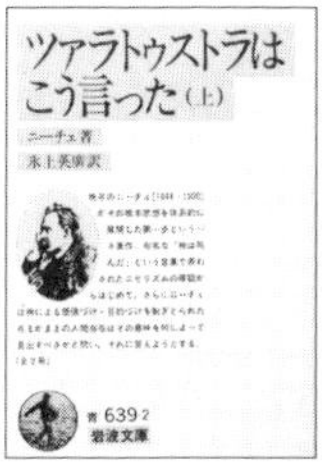

《查拉圖斯特拉如是說》
Friedrich Wilhelm Nietzsche著，冰上英廣翻譯（岩波文庫）1967年，另有其他版本

《存在主義是一種人道主義》
Jean-Paul Sartre著，伊吹武彥翻譯（人文書院）1996年

儘管程度屬於高級，讀起來卻非常輕鬆。主角查拉圖斯特拉是類似上帝的存在，在故事中闡述以「上帝已死」這句名言為象徵的超人思想。

G・W・F・黑格爾《精神現象學》（Phänomenologie des Geistes）

站上近代哲學頂點的黑格爾代表作品。以成長小說形式（bildungsroman，描述主角人格形成的成長故事），描寫意識的成長歷程。雖然內容非常艱澀難懂，不過坊間有出版解說書，各位可以挑戰一次看看。

甘丹・梅亞蘇《有限性之後》（Après la finitude）

掀起「思辨實在論」這股新哲學思潮的著作。雖說要瞭解現代思想的領域，不可缺少此前的背景知識，而且文章也

《有限性之後》
Quentin Meillassoux著，土屋政男等人翻譯（人文書院）2015年

《精神現象學》上・下
G. W. F. Hegel著，樫山欽四郎翻譯（平凡社Library）1997年，另有其他版本

有許多不易理解的部分，但還是希望各位一定要接觸最新的哲學。

以哲學為主題的電影

不光是書籍，電影同樣可說是做哲學的最佳題材。因為看得到影像，影響力也更強。這裡先介紹單純以哲學為主題的電影。

《小小哲學家》（Ce n'est qu'un début）

這部紀錄片是關於法國幼稚園對小朋友實施的哲學教育。孩子們真誠認真地思考的身影，能帶給我們做哲學的勇氣。

《沙特與波娃：哲學與愛》（Les Amants du Flore）

《沙特與波娃：哲學與愛》
目前版權已到期
可透過影音出租服務觀看

《小小哲學家》
代理：Phantom Film
販售：Amuse Soft
含稅價：3990日圓
©Ciel de Paris Production 2010

講述被譽為世紀情侶的兩位哲學家，如何思考愛與人生，發展存在主義。當成愛情片來看同樣是一部佳作（可透過影音出租服務觀看）。

《漢娜鄂蘭：真理無懼》（Hannah Arendt）

以藝術手法，描寫女性現代思想家漢娜・鄂蘭透過納粹罪犯的審判，探究「什麼是惡」、「思考是怎麼一回事」的過程。

《維根斯坦》（Wittgenstein）

以獨特的觀點，描寫個性古怪的天才哲學家維根斯坦，其命途多舛的人生。是非常適合用來瞭解哲學家這個特異人種的作品。

《漢娜鄂蘭：真理無懼》
代理・販售：Pony Canyon
定價：DVD¥4700（未稅）；Blu-ray¥4700（未稅）

《維根斯坦》
UPLINK
DVD¥3024

《論哲學權》（The Right to Philosophy）

這部紀錄片是關於德希達創設的國際哲學學院。對人們而言什麼是做哲學的權利？真的存在這種東西嗎？主題的水準也很高，適合高階者觀看。

《吉爾・德勒茲的「哲學字母書」》（L'Abécédaire de Gilles Deleuze）

這是一部訪談紀錄片，晚年的德勒茲，按照字母順序挑選A到Z開頭的關鍵字談論哲學。不同於艱澀難懂的文章，以聲音表現的哲學別有一番風味。

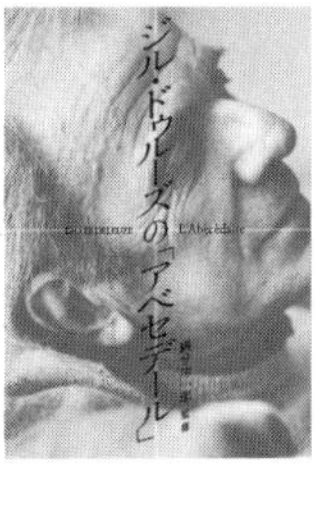

《吉爾・德勒茲的「哲學字母書」》
Gilles Deleuze著，國分功一郎監修（KADOKAWA角川學藝出版）2015年
小冊子＋DVD¥8700（未稅）

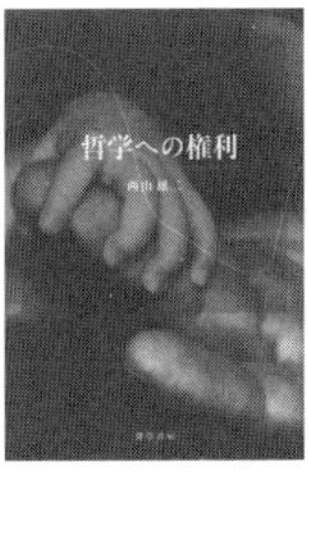

《論哲學權》
西山雄二著（勁草書房）2011年　書＋DVD
¥3200（未稅）

在日常生活中「做哲學」

前面為各位說明了做哲學的方式，當然哲學不是只對商業及課業有幫助而已。哲學是一門對人生的各種場面，以及每日的生活都有所幫助的學問。何況，就算不刻意提醒自己「做哲學」，我們通常也會自動自發地實踐哲學。

本書的最後就來介紹，能讓哲學更加融入生活的、運用哲學的方法。

將哲學應用於模擬

思考事物的各種情況時，我們會在腦中進行模擬。這種模擬行為就稱為想像實驗。

例如模擬這樣的情況：如果自己是列車駕駛，當列車煞車失靈時，會選擇輾過眼前的五名作業員，還是閃過他們輾死一名行人呢？

只要事先進行這種想像實驗，無論在日常生活還是工作上，判斷力與因應能力都會有所不同。人活著一定會面臨各種問題。尤其面臨難以判斷的問題時，我們通常無法立刻提出答案。

可是，有些時候就是會遇到突然要求給出答案的問題。這種時候，有無思考過類似的問題，就會產生很大的差異。

想像實驗大多會設定乍看不可能發生的情況，因此一般人往往以為沒有用處，其實絕對沒有這種事。刻意設定極端的情況，是為了釐清問題點或價值的對立點。所以，使用這種設定進行模擬反而是有幫助的。這是因為只要瞭解了本質，就能應用在任何具體的情境上。

前述要輾過五個人還是一個人的問題也是如此，只要瞭解「保護人數多的那一方比較好嗎」、「奪走生命的行為有沒有問題？」這些本質，就能夠應用在任何情況上，例如設計汽車的自動駕駛功能時，或是探討攸關人命的企業醜聞時。此外也建議跟周遭對話看看。

將哲學應用於人生諮詢或煩惱諮詢

另外，哲學當然也可應用在人生諮詢之類的討論上。像我就寫過不少有關煩惱諮詢的書，也經常參加運用哲學解決煩惱的電視節目。更何況，「什麼是自由」、「什麼是愛」這類哲學的古典問題，本來就是關於人生的問題。

其中較為簡單的做法，就是以名言或格言開啟話題。各位不妨試著以名言為提示，思索家人或朋友的煩惱吧！

舉例來說，假設某人要展開新事物卻感到忐忑不安。這種時候就送給他以下這句沙特的名言。

「不安並非阻擋我們行動的幕簾，而是行動的一部分。」（《存在主義是一種人道主義》）

這句話的意思是，任何人在展開新事物時都會不安，不過這本來就是行動的一部分，既沒必要害怕，它也不會阻擋在自己面前。所以，你可以用這句話來建議對方「儘管放心前進就好」。

再舉一個例子，這也是我在電視節目中討論過的問題。假如周遭有人想談戀愛卻不敢行動，不妨送給他以下這句弗洛姆（Erich Fromm）的名言。

「愛是一種主動活動，而不是一種被動情感。應該要『自行踏入』其中，而非『墜入』其中。」（《愛的藝術》〔The Art of Loving〕）

大家常說「墜入情網」，但這種說法是錯誤的，實際上除非自己主動踏入，否則是談不了戀愛的。出乎意料的是，我們一直都沒發覺這點。

如同以上的例子，哲學名言埋藏著點出我們沒注意到的事，繼而解決煩惱的力量。當然，光看、光聽這類名言無法立刻解決問題，不過我們可以藉著這個機會思考一下，之後應該就能找到答案。

除了他人的煩惱外，也可以解決自己的煩惱。哲學之父蘇格拉底說過，哲學的目的在於活得良善。只要能以哲學來解決煩惱，時時做出正確的選擇，人生必然會是良善的。

利用書籍或電影勾起對哲學的興趣

另外，除了前述介紹的哲學類書籍外，坊間還有許多書籍可幫助我們哲學上身。例如小說之類的虛構作品就是其中之一，就連繪本也能成為哲學上身的契機。電影也是一樣。

總而言之這些都是用來思考的題材。任何東西都可作為哲學的研究對象，因此無論什麼書都可以當成做哲學的題材。下一節我就為大家介紹幾部讀起來特別輕鬆且發人省思的作品。

哲學書籍＆哲學電影簡介　其②

讓人忍不住想展開哲學思考的書

村上春樹《1Q84》（新潮文庫，二〇一二年／臺灣由時報文化代理出版）

村上春樹的小說具有許多不可思議的元素，因此不愁沒有做哲學的題材。其中《1Q84》更是充滿了哲學問題。

石黑一雄《被埋葬的記憶》（The Buried Giant，早川書房，二〇一五年／臺灣由商周出版社代理出版）

《1Q84》
BOOK 1-6
村上春樹著
（新潮文庫）
2012年

《被埋葬的記憶》
石黑一雄著，
土屋政男翻譯
（早川ep文庫）2015年

獲得諾貝爾文學獎的日裔英國作家最新作品。這則關於記憶的奇妙故事富含哲學啟發。

菲利普・K・狄克《銀翼殺手》（Do Androids Dream of Electric Sheep?，早川文庫SF，二〇〇八年／臺灣由寂寞出版社代理出版）

科幻名作，亦是電影《銀翼殺手》的原著。故事發生在近未來，此時已存在神似人類的仿生人。究竟仿生人能否與人類共存呢？這是讓人思考現代問題的作品。

米蘭・昆德拉《生命中不能承受之輕》（The Unbearable Lightness of Being，集英社文庫，一九九八年／臺灣由皇冠出版社代理出版）

冷戰期間，捷克斯洛伐克發起「布拉格之春」，享受短

《銀翼殺手》
Philip K. Dick著，淺倉久志翻譯（早川文庫SF）2008年

《生命中不能承受之輕》
Milan Kundera著，千野榮一翻譯（集英社文庫）1998年

《這是蘋果嗎？也許是喔》
吉竹伸介著（Bronze新社）2013年

暫的自由後隨即遭到舊蘇聯入侵。小說即是以這段歷史為背景，探討人生以及人類存在的重與輕。

吉竹伸介《這是蘋果嗎？也許是喔》（Bronze新社，二〇一三年／臺灣由三采文化代理出版）

獲得眾多獎項的哲學繪本。主角小男孩某天突然對桌上的蘋果感到好奇，於是對著蘋果展開無邊無際的想像。

吉野源三郎《你想活出怎樣的人生？》新裝版（Magazine House，二〇一七年／臺灣由先覺出版社代理出版）

這是為青少年而寫的倫理書，最早是在一九三七年出版，二〇一七年改編成漫畫後掀起話題。內容具普遍性，大人看了也能深思反省。

《駭客任務》
BD¥2381（未稅）／DVD特別版¥1429（未稅）／Warner Bros. Home Entertainment

《你想活出怎樣的人生？》新裝版
吉野源三郎著
（Magazine House）
2017年

讓人忍不住想展開哲學思考的電影

《駭客任務》（The Matrix）

經典科幻名作。假如現在生活的世界，其實是電腦創造出來的虛擬世界，我們當何以自處呢？片中也經常出現哲學討論，是一部必看的電影。

《GHOST IN THE SHELL／攻殼機動隊》

攻殼機動隊系列的首部作品。故事圍繞著改造成機械義體的軀體，促使觀眾去思考人類與機器人的界線。

《無人出席的告別式》（Still Life）

主角從事整理獨居死者的遺物，幫忙尋找死者家屬的工作。觀眾可透過他的工作，深入思考什麼是死亡。雖然不是

《無人出席的告別式》
代理・販售：Pony Canyon
定價：DVD¥3800（未稅）；BD¥4700（未稅）
©Exponential (Still Life) Limited 2012

《GHOST IN THE SHELL／攻殼機動隊》
販售：BANDAI NAMCO Arts
定價：BD¥4800（未稅）
©1995 士郎正宗／講談社・BANDAI VISUAL・MANGA ENTERTAINMENT

很有名的作品，但很值得一看。

《班傑明的奇幻旅程》（The Curious Case of Benjamin Button）

這部作品是描述一名出生時像個老人，之後越活越年輕的男子曲折離奇的人生。令觀眾不由得思考起時間與人生。

《A.I.人工智慧》（A.I. Artificial Intelligence）

史蒂芬・史匹柏（Steven Spielberg）執導的名作，雖然是將近二十年前的作品，不過當時就已提出AI（人工智慧）的問題。是最適合幫助我們思考即將面臨的未來與AI的現代「經典之作」。

另外，儘管沒在這裡介紹，不過個人認為，宮崎駿導

《班傑明的奇幻旅程》
BD¥2381（未稅）／
DVD¥1429（未稅）
Warner Bros. Home Entertainment
The Curious Case of Benjamin Button ©2008 Warner Bros. Entertainment Inc. and Paramount Pictures Corporation.

《A.I.人工智慧》
BD¥2381（未稅）／
DVD¥1429（未稅）
Warner Bros. Home Entertainment
©2001 Warner Bros. Entertainment Inc. and Dreamworks LLC. All rights reserved.

演所執導的每一部吉卜力電影都是哲學作品。其實我也出過《看吉卜力動畫做哲學》（ジブリアニメで哲学する，PHP文庫）這本書。顧名思義，就是看吉卜力電影，以片中的主題或臺詞來做哲學。這原本是我在美國大學任教時，為了準備授課內容而提出的構想，後來因為獲得好評便決定出書了。

總之，看電影做哲學，要比看書更能發揮感性。有趣的是，這一點也會反映在思考的結果上。建議各位不妨試著在看完電影後，跟別人互相分享感想。相信你一定會使用與平常不同的措辭，講出富含感性的言論。因為電影有著激發這種感性的潛力。請一定要試試「看電影做哲學」，愉快地度過知性的時光。

教養並非一朝一夕就能養成

雖然正文沒有提及，不過日本政府已決定自二〇二二年起，將「公共」學科納入高中教育。這是全體學生必修的科目，如同字面上的意思，目的是要培養支撐公共社會的公民。各位或許會覺得，這是因應十八歲選舉權的主權者教育，但令人意外的是它其實很重視哲學。

學生似乎會參考歷史上的哲學家思想，來訓練他們自身的思考。雖然具體的訓練方式尚未定案，但至少日本國民都有機會培養他們的哲學素養。

我在正文也介紹過，法國將哲學論文定為大學入學考試的必考項目。雖然日本還比不上法國，但這已經是很大的改變了。也就是說，不久的將來，社會新鮮人全都會具備一定程度的哲學素養。

對目前已在社會上工作的我們而言，這可說是一種威脅吧。倘若年輕員工全都懂得運用哲學來思考，自己卻不會的話一定會產生差距。如果是像過去那樣與歐美的精英競爭，即使輸給他們或許還能安慰自己「這也是沒辦法的事」，可是面對年輕員工就不能這麼想了。

所以，我們必須未雨綢繆，率先做好準備。道理就跟學英語或程式設計是一樣的。社會的需求一變，教育也會跟著改變。至於已經完成教育並進入社會的人，只能自動自發地時時磨練自己，努力跟上時代。

不過，沒什麼好怕的。畢竟前述的高中哲學教育尚未開始。更何況各位還有這本書。如果你是看完這篇後記才要閱讀正文，請一定要仔細認真地閱讀。假如已經看完正文了，希望你可以再重新讀一遍。因為，教養並非一朝一夕就能養成。快速看完然後扔到一邊似乎已成了閱讀商業書籍的規矩，不過各位若能將本書擺在手邊不時翻閱，對作者而言沒有比這更令人開心的事了。

推出這本書時受到許多人士的關照，我要借這個地方向他們致上謝意。最後，感謝閱讀本書的所有讀者。真的非常謝謝各位。

二〇一八年五月　小川仁志

小川仁志（Ogawa Hitoshi）

哲學家。山口大學國際綜合科學部副教授。專業領域為公共哲學。
1970年出生於京都府。京都大學法學院畢業，名古屋市立大學研究所博士後期課程修畢，並取得博士學位（人類文化）。擁有與眾不同的經歷，曾做過企業員工（伊藤忠商事）、公務員、飛特族。德山工業高等專科學校副教授、美國普林斯頓大學客座研究員等等，之後從事現職。

不僅在大學主導新式全球教育，工作之餘也在商店街主辦「哲學咖啡館」等活動，實踐有益於公民的哲學。除此之外還登上電視等各種媒體，為普及哲學而努力。目前在NHK 教育頻道的「向全世界的哲學家諮詢人生」節目中擔任顧問。

主要著作有《翻轉思考力的日本哲學》（遠足文化）、《一口氣讀懂哲學家們》（美藝學苑社）、《哲學就是對世界的提問》（木馬文化）、《翻轉人生的哲學思考教室》（台灣東販）、《不偽裝、不勉強，遇見更好的自己》（麥田）、《解憂哲學課》（世潮）等等。

未來世代必備的哲學思維

美國總統、迪士尼總裁、NBA球星都搶著修的博雅教育

作　　者　小川仁志
譯　　者　王美娟
封面設計　水青子
編　　輯　魏紫庭
發 行 人　南部裕
發 行 所　台灣東販股份有限公司
　　　　　<網址>http://www.tohan.com.tw
法律顧問　蕭雄淋律師

香港發行　非凡出版
　　　　　<地址>香港北角英皇道499號北角工業大廈一樓B
　　　　　<電話>（852）2137 2338
　　　　　<傳真>（852）2713 8202
　　　　　<電子郵件>info@chunghwabook.com.hk
　　　　　<網址>http://www.chunghwabook.com.hk
香港經銷　香港聯合書刊物流有限公司
　　　　　香港新界荃灣德士古道220-248號荃灣工業中心16樓
　　　　　<電話>（852）2150 2100
　　　　　<傳真>（852）2407 3062
　　　　　<電子郵件>info@suplogistics.com.hk
版　　次　2020年12月初版
　　　　　© 2020 非凡出版
規　　格　16開（210 mm×148 mm）
I S B N　978-988-8675-15-9

Printed in Taiwan, China.
本書由台灣東販股份有限公司與中華書局（香港）有限公司合作，在香港及澳門地區發行。